繪園甲骨北京圖書館藏點交清冊

點收者 王宏鈞
點交者 朱家濂
一九五九年七月三日

國圖複本一扉頁

繪園舊藏甲骨文字

图书在版编目（CIP）数据

繪園舊藏甲骨文字 / 趙愛學編著 . — 北京 ：學苑出版社，2023.8
 ISBN 978-7-5077-6717-9

Ⅰ . ①繪… Ⅱ . ①趙… Ⅲ . ①甲骨文－匯編 Ⅳ . ① K877.13

中國國家版本館 CIP 數據核字（2023）第 133178 號

責任編輯：戰葆紅
出版發行：學苑出版社
社　　址：北京市豐臺區南方莊 2 號院 1 號樓
郵政編碼：100079
網　　址：www.book001.com
電子郵箱：xueyuanpress@163.com
聯系電話：010-67601101（銷售部）　　010-67603091（總編室）
印 刷 廠：北京建宏印刷有限公司
開本尺寸：787 mm×1092 mm　1/16
印　 張：10.5
字　 數：166 千字
版　 次：2023 年 8 月第 1 版
印　 次：2023 年 8 月第 1 次印刷
定　 價：120.00 元（精裝）

本书爲『古文字與中華文明傳承發展工程』的研究成果

本书爲國家社科基金重大項目『國家圖書館藏甲骨整理與研究』

（項目批准號：18ZDA301）研究成果

繪園舊藏甲骨文字

趙愛學　編著

學苑出版社

目 录

前 言 / 1

凡 例 / 1

拓 本 / 1

釋 文 / 43

檢索表 / 105

    表一　《繪園舊藏甲骨文字》著録對照表 / 107

    表二　古代史所本與國圖本對照表 / 114

    表三　《國博》《歷博》及與國圖本對照表 / 116

    表四　北大本與國圖本等對照表 / 122

    表五　《合集》《合補》與國圖本對照表 / 127

    表六　其他著録書與國圖本對照表 / 129

    表七　繪園甲骨綴合情況表 / 132

    表八　引用甲骨著録書簡稱對照表 / 134

前　言

何遂先生繪園舊藏甲骨因收入《卜辭通纂》《殷契佚存》等爲學界所熟知，但繪園舊藏甲骨全貌及來龍去脉却少爲人知。2019年，中國社會科學院歷史研究所（現名古代史研究所）整理出版了《繪園所藏甲骨》[1]（本書一般簡稱"古代史所本"），收録甲骨102片，爲學界了解繪園甲骨全貌提供了一個重要參考。國家圖書館曾收藏何遂繪園舊藏甲骨實物129片，因此留下《繪園舊藏甲骨文字》等兩種相應的拓本（本書一般簡稱"國圖本"或"國圖複本一""國圖複本二"）。國圖本與古代史所本所收拓本有同有异，總體多出35片，所收更全，拓片也更清晰。

何遂（1888—1968），字叙甫，又作叙父、叙圃，齋號繪園，福建閩侯人。1904年進入福建武備學堂學習，開始參與反清革命活動。1907年考入河北保定陸軍隨營軍官學堂（後改名陸軍大學），同年加入中國同盟會。先後參加了辛亥革命、護國戰爭、護法運動、北伐戰爭。1917至1918年曾隨軍方代表團赴歐洲觀摩第一次世界大戰并赴美考察。1928年5月獲委任黄埔軍官學校"代校務"，1929年年底辭任，隨即携全家遷居北平察院胡同29號舊宅。1931年，應楊虎城之邀到西安任十七路軍總參議。1932年春，在北平與朱慶瀾組織"遼、吉、黑抗日義勇軍民衆後援會"，任副會長兼主任幹事。又毁家紓難，公開展賣藏品，捐款4萬元。1932年1月，任西安綏靖公署參謀長，6月，獲任"西京籌備委員會"委員。1933年移家西安。

---

[1] 宋鎮豪主編，馬季凡編纂：《繪園所藏甲骨》，上海：上海古籍出版社，2019年。

1934年年中，賣掉北平住房，移家南京。抗戰期間，曾任第一戰區高級幕僚室主任。中華人民共和國成立後，任華東軍政委員會委員、司法部部長、政法委員會副主任，是第一、二、三屆全國人大代表、人大法案委員會委員。何遂又是一位文物收藏家，歷年行伍所在閑暇或賦閑在家，多致力於文物搜集，所藏門類齊全，如銅器、佛像、南北朝石刻造像、銅鏡、瓷器、古錢、瓦當、甲骨、碑帖等，"予個人所搜集的即逾萬件"[1]。

一、國圖藏繪園甲骨拓本概要

20世紀30年代，何遂曾向北平圖書館（國家圖書館前身）捐贈大批文物，其中包括甲骨，是國家圖書館最早入藏的甲骨文獻。國圖本就是這批甲骨的拓本。

1932年，北平圖書館購入"何遂藏甲骨文字拓片七十一張"，另，"西安綏靖公署何參謀長叙甫贈漢熹平四年匋瓮一座、漢朱書'衛'字瓦當一塊、唐米薩寶墓志一方、瓦當拓片一百四十八張、銅鏡拓本二十六張，又寄存秦漢瓦當四百四十二塊"[2]。同年12月，何叙甫將所藏甲骨和多種金石器物、碑帖、書畫寄存北平圖書館，"去年十二月何君游陝東返，復將其歷年所得古物之一部寄存本館，熱心贊助，當爲國人所同欽。寄存物品約可分爲六項：（一）金石瓦當類六百餘種；（二）殷虛龜甲獸骨一百二十五片；（三）銅器類銅鼓一面、漢唐銅鏡一百三十面、匈奴飾章一面；（四）石刻類漢基石螭頭一個、唐刻心經一方……"[3] 1934年2月，何遂函告北平圖書館，爲紀念其母孫太夫人當年5月2日古稀壽誕，把前此所寄存大部分藏品包括125片甲骨捐贈北平圖書館。5月2日至4日，北平圖書館爲此特別舉行展覽，并出版《閩縣何氏贈品展覽會目錄》[4]。根據目錄，所捐藏品包括玉器5件、

---

[1] 何遂：《校經圖序》，《説文月刊》1945年第5卷第3—4期合刊，第48頁。
[2] 國立北平圖書館編：《國立北平圖書館館務報告（1931.7—1932.6）》，北京：國立北平圖書館，1932年，第2、14頁。
[3] 國立北平圖書館編：《國立北平圖書館館務報告（1932.7—1933.6）》，第4頁。
[4] 國立北平圖書館編：《閩縣何氏贈品展覽會目錄》，北京：國立北平圖書館，1934年。

甲骨125片、銅鏡130面、銅器26件、古幣75件、漢唐瓦當660方、唐裴休書《心經》石刻1方、漢奠基石螭頭1個，共計1000餘件。

何遂所捐贈的大量器物類、書畫類藏品，在20世紀50年代初應基本被移交給故宮博物院等收藏。故宮博物院官網"院史編年"之"1951年的文物入藏"，記有一條："接收文物局轉撥北京圖書館舊藏彩繪佛像51幅及何遂先生捐贈的石雕龍頭1件。"其餘僅有甲骨、唐《心經》刻石、部分瓦當（鑲嵌于屏風中）未移交，後二者現仍藏國家圖書館。何遂據藏品所編《秦漢瓦當文字》《繪園藏瓦》《繪園藏鏡》等拓本現均藏國圖，根據書中何遂自序，此幾種拓本皆1931年編成。

1959年7月，爲響應中國歷史博物館（後與中國革命博物館合組爲現國家博物館）新館建成及中華人民共和國成立十周年展覽，北圖撥交此批何遂舊藏甲骨給歷博。據國圖檔案《北京圖書館調撥歷史博物館圖書文物清册》（1959年7月30日）[1]記載，撥交"甲骨碎片129塊（片）"。北京圖書館專門爲此次撥交製作了拓本，書衣左上題"繪園甲骨北京圖書館藏點交底册"，書衣右下有交接雙方簽名及日期："點收者王宏鈞 點交者朱家溍 一九五九年七月三十日。"其中一册扉頁貼有"北京圖書館圖書注銷申請書"，時間爲1959年7月25日。清單含"熹平石經後記"殘石1方，甲骨129塊，備注"贈與歷史博物館"。部主任簽章：朱家溍（代）。另據具體負責調撥工作的北圖原善本特藏部金石拓片組當年7月的工作簡報，1959年7月29日，"爲移交和借陳石經和甲骨作整理工作和傳拓工作。整出繪園舊藏甲骨一册計一百二十九片，熹平石經拓本十張，借陳甲骨拓本一册"。由上述可見，當時撥給歷史博物館的是北圖所藏何遂舊藏甲骨129片。胡厚宣《大陸現藏之甲骨文字》述及歷史博物館所藏甲骨來源時，云"北圖撥192片（原何遂藏）"[2]，其"192"應爲"129"之筆誤。根據國圖所藏拓本，可以完全確定是國博所藏原何遂舊藏甲骨。《中國歷史博物館藏法書大觀第

---

[1] 北京圖書館館史資料彙編（二）編輯委員會編：《北京圖書館館史資料彙編（二）：1949—1966》，北京：北京圖書館出版社，1997年，第938—940頁。
[2] 胡厚宣：《大陸現藏之甲骨文字》，《"中央研究院"歷史語言研究所集刊》第六十七本第四分，1996年，第828頁。

一卷 甲骨文、金文》¹之"甲骨文説明"曾指出所藏部分何遂舊藏甲骨，但很不全。

上文所言1932年購藏之"何遂藏甲骨文字拓片七十一張"，我們在國圖藏品中暫未發現。上引金石組1959年7月工作簡報有關移交和借陳歷史博物館藏品，其中有"借陳甲骨拓本一册"。理論上借陳甲骨拓本應該與何遂藏甲骨有關，不知此借陳拓本是否即1932年購藏之"何遂藏甲骨文字拓片七十一張"。

國圖現藏何遂舊藏甲骨拓本兩種5套5册。國圖金石組藏品登記簿記載"繪園舊藏甲骨文字 76年8月由綫裝書組撥來一册，原物撥歷史博，四册爲複本"。則該《繪園舊藏甲骨文字》原存負責古籍徵集工作的"綫裝書組"，1976年8月撥給金石組。其書衣題"繪園舊藏甲骨文字"，書内書葉有黃斑。此外另有4套繪園甲骨拓本，書葉略新，但内容一致，應爲同時所拓。此4套中只有兩套如上文所述，書衣朱筆題"繪園甲骨北京圖書館藏點交底册"，另兩套無題名。根據這些信息，《繪園甲骨北京圖書館藏點交底册》二套及無題名二套，毫無疑問是1959年爲撥交歷博甲骨實物而專門製作，一是爲了用作交接清點底册，一是爲了留下幾套拓本；至于《繪園舊藏甲骨文字》，也許爲1932年繪園甲骨寄存北平圖書館時的點交底册。甲骨實物流轉往往以甲骨拓本作爲點交依據，劉體智善齋甲骨出讓國家以及撥交北京圖書館都以善齋自拓本《書契叢編》作爲點交依據。綜合比較各本優劣，"繪園舊藏甲骨文字"雖然可能時間更早，但拓片水平要劣于"繪園甲骨北京圖書館藏點交底册"。因此本書以"繪園甲骨北京圖書館藏點交底册"爲整理底本，以"繪園舊藏甲骨文字"爲輔助。前者簡稱"國圖複本一"，後者簡稱"國圖複本二"，籠統稱此二本時則稱"國圖本"。

國圖各複本皆綫裝1册，正文拓片21葉，每葉左右皆粘有甲骨拓片，半葉一般4片或2片，片大者1片。各甲骨拓片上部有紅色或藍色打印序號：1—129。各本拓片先後位置都一致。國圖複本二有更多前人相關整理

---

1 史樹青主編：《中國歷史博物館藏法書大觀第一卷 甲骨文、金文》，上海：上海教育出版社，2001年。

信息，與其他本有別。于《殷契佚存》所著錄甲骨，其拓片下方則以鉛筆注《佚》號；有 6 號被從原位置揭取，剪切粘附至他片處作拼合，即 2+27[1]（在 2 號處）、10+21（在 21 號處）、32+50（在 32 號處）、61+46（在 61 號處）、73+80（在 80 號處）、82+84（在 82 號處）。拼合以及標注《佚》號當爲國圖前輩學者著名甲骨學家曾毅公所爲（此拓本 1976 年才撥交金石組，但曾毅公 1975 年已從金石組退休。或許此前曾毅公已整理過此拓本）。經與古代史所本對照，上述綴合組 10+21、61+46、82+84 三組原本爲一片。其餘三組中，32+50 根據辭例、字體似可綴，但不完全密合。《甲骨文合集》（下文簡稱《合集》）29050 著錄第 32 號、《甲骨文合集補編》（下文簡稱《合補》）10162 著錄第 50 號，并未綴合此二片。2+27 一組拼接不密合，且拼合後從骨片左右距離看屬牛肩胛骨骨頸部位，但骨原邊却過直，非骨頸原邊應有的弧度，故綴合有誤。73+80 一組，無論從骨形還是刻辭內容看都無證據可綴合。《何遂遺踪：從辛亥走進新中國》所附《何遂年譜簡編》曾記錄何氏甲骨拓本成書時間，其于 1932 年云："是年，先生將所集甲骨文拓印成書"[2]，不知所據爲何，所拓甲骨拓本或即此國圖複本二。

國圖複本一也有幾處前人批注，也應爲曾毅公先生所爲。38 號處批注"此片與粹 55（筆者案：即《合集》33698，善 10，北圖 5509）同文"；46 號處批注"于且乙（筆者案：此三字爲摹寫甲骨文）倒"；94 號處批注"倒"，并已將拓片上下倒置粘貼。另外 61 號、114 號處亦鉛筆批注"倒"。

1934 年《閩縣何氏贈品展覽會目錄》中列出了何氏所捐甲骨目錄，但目錄形式爲：龜甲第一號十字；龜甲第二號五十八字；獸骨第三號十字；獸骨第四號八字；獸骨第五號二字；獸骨第六號十七字；獸骨第七號六字……。單純根據流水號及字數，我們無法與現有拓本一一對應。其"龜甲第二號五十八字"，根據字數，此片可能爲國圖本 127 號龜腹甲殘片；而首片"龜甲第一號十字"也與目前所見各拓本首片不同。因此可以確定，

---

[1] 各號甲骨著錄情況可參檢索表部分"表一《繪園舊藏甲骨文字》著錄對照表"，文中不再一一注明《合集》等著錄號。
[2] 何達、王苗主編：《何遂遺踪：從辛亥走進新中國》，北京：人民出版社，2012 年，第 357 頁。

此目録所見各片順序與所見各拓本均不同。上文懷疑國圖本爲當時捐贈給北平圖書館的點交依據，但各片甲骨順序却與此目録不同，暫存疑。另外值得注意的是，《閩縣何氏贈品展覽會目録》所列目録爲 130 號，與當時相關記録中的"一百二十五片"有别，與現拓本及撥交歷史博物館的 129 片也差一片。其差别也許在于 10+21、61+46、82+84、32+50（此組綴合存疑）等原屬一片而斷爲兩片，共多出 4 片。另 127 號史語所藏本（詳見下文）分爲二號（1 號與 38 號，左尾甲獨作一號），或許是本爲二號。

二、其他存世繪園甲骨拓本

（一）其他存世拓本概況

1. 中國社會科學院古代史研究所藏 102 片本（本書簡稱"古代史所本"）

據整理本，此本共收繪園甲骨 102 片。藍布書衣，綫裝 1 册，66 葉。扉頁題："繪園所藏甲骨""叙父所藏甲骨一百零二事，裝之成册以贈契齋，時二十六年也。商承祚題記"。版心下方鎸"繪園長物"。四周雙邊橙色欄框。"係何遂 1937 年贈與契齋商承祚的集子……60 年代商氏又捐贈給歷史所，提供編纂《合集》選用。"[1]

古代史所本有 27、53、74、76 四片爲國圖本所無。古代史所本 4 號、38 號、84 號國圖本分爲二號。古代史所本 30、31、57、58、60、62、64、70 共 8 號國圖本爲 127 號一號。國圖本 40、41、42、43、44、63、68、71、72、73、75、76、77、93、98、105、108、109、110、111、112、113、114、115、116、117、118、119、120、121、122、123、124、125、126 共 35 號爲古代史所本所無。如此古代史所本比國圖本少收 35 片甲骨。此 35 片甲骨中師組小字類 1 片、師賓間類 2 片、賓組 10 片、賓出類 1 片、出組 3 片，這與古代史所本、國圖本共有者多屬無名組、歷組有别，也許二拓本的不同反映了繪園甲骨來源批次不同。

---

[1] 宋鎮豪：《繪園所藏甲骨》序，上海：上海古籍出版社，2019 年。

《甲骨文合集材料來源表》[1]（下文簡稱《合集材料來源表》）附錄二"拓本和現藏簡稱"收"繢園 繢園甲骨拓本（管燮光）"，即古代史所本。據粗略統計，《合集材料來源表》中見《繢園》7次，即《繢園》12、21、28、55、84、85、96，與古代史所本《繪園所藏甲骨》編號完全一致。"繢"與"繪"二字在"繪畫"義上通用，"繢園"即"繪園"。據古代史所本，原拓本上商承祚所題書名作"繪園"。《合集材料來源表》稱該拓本作"繢園甲骨拓本"并括注"管燮光"原因不明。

此拓本在何遂1934年捐贈甲骨實物給北圖之後的1937年贈給商承祚，但拓片所見古代史所本所收甲骨部分更完整、未斷裂，或許古代史所本傳拓時間更早，只是于1937年贈商承祚。

2. "中央研究院"歷史語言研究所藏130片本（本書簡稱"史語所本"）

此本現藏臺北"中央研究院"歷史語言研究所傅斯年圖書館。據傅斯年圖書館著錄信息[2]，該本書名作"何叙甫藏甲骨文"，版本爲"民國二十四年(1935)歷史語言研究所粘裝拓本"。綫裝3册，册高32厘米。收甲骨130片，其中上册41片，中册44片，下册45片。據何遂之子何仲山《父親與文物考古》，史語所藏本"拓本前有郭沫若用毛筆寫的序"[3]。

蔡哲茂《讀〈中國國家博物館館藏文物研究叢書·甲骨卷〉》[4]把《中國國家博物館館藏文物研究叢書·甲骨卷》[5]（本書簡稱《國博》）所收錄何遂舊藏甲骨，與史語所本作了對比并錄在《〈國博〉與其他著錄對照表》。作者在文中注釋31裏説："《叙圃甲骨釋文》爲'中央研究院'歷史語言研究所藏甲骨原拓，分上、中、下三册，無編號，本文編號依一頁一拓本一個號碼推算，共130張拓片。與《歷博》引用的《叙圃甲骨釋文》不同。"此處所云"歷博"爲《中國歷史博物館藏法書大觀第一卷 甲骨文、金文》。所云

---

[1] 胡厚宣主編、蕭良瓊等編：《甲骨文合集材料來源表》，北京：中國社會科學出版社，1999年。
[2] 史語所"數位典藏資料庫整合系統"也有著錄信息，網址爲：http://ihparchive.ihp.sinica.edu.tw/ihpkmc/ihpkm_op?!!NO^4341303030303031363738 (2019-8-23檢索)。
[3] 何仲山：《父親與文物考古》，何達、王苗主編《何遂遺踪：從辛亥走進新中國》，第255頁。
[4] 蔡哲茂：《讀〈中國國家博物館館藏文物研究叢書·甲骨卷〉》，《中國文化研究所學報》第50期，2010年，第255—301頁。
[5] 國家博物館編：《中國國家博物館館藏文物研究叢書·甲骨卷》，上海：上海古籍出版社，2007年。

史語所本爲"叙圃甲骨釋文",書名與該所網站著錄的《何叙甫藏甲骨文》不同,且該文後附之"徵引著錄對照表"也作《叙圃甲骨釋文》。另,《歷博》所引用拓本應爲《叙圃甲骨釋要》,非《叙圃甲骨釋文》。

上引蔡文在注釋31又説:"《國博》011在史語所藏《何叙圃藏甲骨》中分列爲1號、38號。"而據史語所"數位典藏資料庫整合系統"所見鈐史語所藏印的史語所本首頁甲骨拓片,此龜腹甲殘片(國圖本127、《國博》11)之右前甲、後甲、右尾甲部分爲史語所本1號,左尾甲爲38號。由此可見史語所本與其他拓本排列順序都不同。因爲《國博》所收何遂舊藏甲骨不全,根據上引蔡文《〈國博〉與其他著錄對照表》與國圖本對照,僅見80號。此80號中,個別原屬一片分爲二號的情況也與國圖本相同。如國圖本10+21=史語所本19+110,國圖本82+84=史語所本11+12。國圖本共收129號,史語所本收130號,所差一號也許就是國圖本127號史語所本分爲1號、38號兩號。國圖本與史語所很可能内容完全一致,只是内部排列順序不同。蔡文指出《卜辭通纂》認爲38號與1號爲誤綴,且史語所本分爲兩號,但《佚》234所著錄已爲一號,《國博》11實物照片所見左右尾甲之間有泥,故又認爲不像是後綴。國圖本所見也是"已成一版"。但綜合各方面因素,似確爲誤綴,本書"釋文"部分129號處再詳述。

3. 北京大學圖書館藏72片本(本書簡稱"北大本")

胡厚宣《大陸現藏之甲骨文字》提及北京大學圖書館所藏容庚《殷契卜辭》稿本,附有何叙甫藏甲骨拓本2册,"此爲《殷契卜辭》原拓稿本,每册有容庚題字,每片左方(筆者案:應爲"右方"之誤)有容氏釋文草稿。《殷契卜辭》共25册。另附富晉書社藏2册(55片),美國施密士藏2册(79),何叙甫藏2册(72),六册共206片,仍題《殷契卜辭》,下有藏家,亦有容氏釋文。《殷契卜辭》正式出版,後附三家六册未收"[1]。此72片是繪園甲骨另一種拓本。經對照北大本與其他各本[2](參檢索表部分"表四 北大本與國圖本等對照表"),北大本7.16(無名組,釋文:大吉 兹用)其餘各

---

[1] 胡厚宣:《大陸現藏之甲骨文字》,第862頁。
[2] 北大圖書館湯燕老師幫忙核實了北大本編號,謹致謝意。

本未見，7.22（無名組，釋文：…[翌]…王其/于椁亡戈。引吉）經核實，實爲古代史所本102之右上，可與國圖本70（《合補》11475）綴合。其8.23即國圖本41（《合集》30905），古代史所本未見；其8.26即國圖本68（《合補》6571），古代史所本未見；其8.31即古代史所本74（《佚》250、《合集》33220），國圖本未見。其餘皆見國圖本和古代史所本。《卜辭通纂》別錄一所收繪園甲骨16片皆見北大本，《殷契佚存》所收61片亦皆見北大本。郭沫若《卜辭通纂》1933年1月序提到《卜辭通纂》收錄繪園甲骨，所據底本爲71片："所據材料多采自劉、羅、王、林諸氏之書，然亦有未經著錄者，如馬叔平氏之《凡將齋藏甲骨文字》（計百十八片，未印行），何叙甫氏所藏品之拓墨（計七十一片，聞其原骨已悉交北平圖書館云），及余于此間所得公私家藏品之拓墨或照片，均選尤擇异而著錄之。"[1] 1932年何遂售給北平圖書館者拓片數亦71張。繪園甲骨拓本存在一套72片（或71片）本。

4. 胡厚宣藏本

《歷博》"甲骨文說明"中部分甲骨著錄了"叙圃"號，書中"甲骨文說明"之前的《書法藝術的童年——館藏殷墟甲骨文字的相關問題》文對此叙圃號作了說明："卷中還有些未發表過的材料，較多爲何遂（叙圃）先生所藏，除郭沫若先生《卜辭通纂》選釋過何先生的十六片較重要甲骨之外，迄未正式印行，此次我們依照胡厚宣惠借之《叙圃甲骨釋要》，進行編號，予以發表。"[2] 可見，胡厚宣先生藏有一部《叙圃甲骨釋要》，應該也收有甲骨拓本，但書名之"釋要"似乎又說明該書內容包括甲骨片考釋。以國圖本與《歷博》所著錄叙圃甲骨對照，同見僅22片。因爲《歷博》未著錄全部歷博所藏繪園甲骨，該書叙圃號著錄也未必無遺漏，故無法據此分析胡厚宣所藏《叙圃甲骨釋要》收甲骨片數。此本現藏胡厚宣子胡振宇先生家。

陳夢家《殷虛卜辭綜述》附錄三"甲骨著錄簡表"第二類"已刊而重

---

[1] 郭沫若：《卜辭通纂》序，北京：科學出版社，1983年。
[2] 許青松：《書法藝術的童年——館藏殷墟甲骨文字的相關問題》，史樹青主編《中國歷史博物館藏法書大觀第一卷 甲骨文、金文》，第3頁。

見于第一類者",收有"何遂：叙圃甲骨釋要，1941（未見）"[1]。從書名看與胡厚宣藏本同，但從"已刊"及出版時間1941看，似即《叙圃甲骨釋略》。《叙圃甲骨釋略》僅收甲骨22片，爲摹本加考釋，且各片甲骨與《歷博》所著錄叙圃完全不同，詳下文。《百年甲骨學論著目》601號收錄"叙圃甲骨釋要(略) 何遂石印本一册 1941年"[2]，當是指"釋略"，不應等同"釋要"。

5. 張瑋藏138片本

胡厚宣《大陸現藏之甲骨文字》述及北京地區零散甲骨拓本，其中有"何叙甫氏舊藏甲骨文字拓本，一册，138片，張瑋舊藏"。并説明："此爲何叙甫氏早期所得，重要者已著錄在《殷契佚存》，張瑋舊藏，今不知所在。原骨今歸北京圖書館。"[3] 該文述及北京圖書館藏甲骨拓本時又云北圖藏"《何遂舊藏甲骨拓本》138片"[4]。查國圖未見藏有138片本，胡氏應是根據張瑋所藏138片本及實物藏北圖而推斷。《大陸現藏之甲骨文字》也提及北京私人甲骨藏家有"張瑋舊藏 65"，可見張瑋也藏有甲骨實物。張瑋（1882—1968），字效彬，齋號敔園，河南固始人。早年留學英國劍橋大學，清宣統三年（1911）回國後，任教于京師法政新學堂。後任北洋政府駐外領事、總領事及外交部顧問等。1929年起，在輔仁、朝陽等私立大學擔任教職，教授政治經濟學、中國財政史。收藏繼承其祖父鏡涵榭遺物，藏古物器玩及碑帖丹青甚富。1932年度曾向北平圖書館捐贈亭形犧形魚父乙鼎、雙魚宜侯王洗、仁壽元年吕士斌造像、秦碣石頌等金石拓片及法帖、古籍等多種[5]。

（二）國圖本與古代史所本等簡單比較

上述拓本及相關著錄，尤其是古代史所本所收片數相對較多，且已影印出版，我們得以見到全貌，有條件對兩種拓本以及《合集》等所著錄同片甲骨拓片情況進行比較。各片對比具體情況可參本書"釋文"部分

---

1 陳夢家：《殷虚卜辭綜述》，北京：中華書局，1988年，第672頁。
2 宋鎮豪主編：《百年甲骨學論著目》，北京：語文出版社，1999年，第40頁。
3 胡厚宣：《大陸現藏之甲骨文字》，第864頁。
4 胡厚宣：《大陸現藏之甲骨文字》，第838頁。
5 國立北平圖書館編：《國立北平圖書館館務報告》（1931.7—1932.6）附錄三贈書人名錄，第17頁。

的"説明"。

通過對比可以發現，國圖本總體很清晰，并注意拓出骨形，尤其注意拓出斷茬處下層延伸部分。如國圖本110比《合集》31856清晰；117比《合集》12930清晰，"不"字很清晰；10+21綴合組下部之10號拓出了左右兩側底層骨茬；34拓出"隹"字左側斷茬；57用拓墨深淺拓出骨面高低及紋路，拓出上邊緣斷茬；86拓出左下部斷茬下層；89拓出上部斷茬底層（《國博》214照片可見），其他本皆未拓出；96比古代史所本、《合集》27525都多拓出下部延伸斷茬；國圖本104拓出左下部齒縫左側小塊（《國博》6照片可見）等。

古代史所本拓片總體不夠清晰，但存在部分未殘斷而其他本殘斷的情況，説明傳拓時間似較早，保存了甲骨較早面貌。如古代史所本15左下邊緣斷裂但不缺，國圖本13、《合集》31078等已缺；國圖本70、《歷博》187、《合補》11475等皆殘缺上部，古代史所本則不殘；國圖本89所見右側斷裂，而古代史所本85則未見斷裂痕迹；古代史所本7盾紋處未斷裂，國圖本95、《歷博》8已斷裂；古代史所本21所存二字間未斷裂，國圖本則二字間已斷裂；古代史所本99比國圖本30、《佚》221多左上"吉"字等。

根據上面所述，古代史所本似乎確實傳拓時間要早，但又有如下情況不可解釋：古代史所本4下部綴合片有殘缺，接茬處"告"字之"口"缺，而國圖本10+21則不缺，接茬處密合；古代史所本45左下角"告"字下部"口"旁殘缺，國圖本23則等不缺；古代史所本92缺上部，而國圖本92、《國博》47等上部雖斷裂但不缺；國圖本127、《國博》11較完整，而古代史所本則分爲30、31、57、58、60、62、64、70，且不能拼全。以上種種似乎又與古代史所本爲更早期拓本不合。

三、繪園甲骨著録

1.《叙圃甲骨釋略》
何遂撰，民國三十年（1941）影印本，1册，國家圖書館藏有西諦（鄭振鐸）舊藏本。書前有商承祚篆書題"殷虛甲骨文字"，董作賓甲骨文題"零金碎玉"、行書署"叙甫先生藏甲骨殘版 廿六年三月董作賓敬題"，陳獨秀行書題"抱殘守缺"、署"題叙甫先生甲骨殘版 廿六年三月獨秀"。卷端題"叙圃甲骨釋略"。正文爲作者手寫石印。

該書爲著録片考釋，共收甲骨 22 片。各片先摹形、釋文，後分別闡釋該片所及各字。書中首片爲骨，其餘爲甲。多爲兩三字小片，超過 5 字者 4 片，僅一字者 7 片。第 8 號字數較多，存 24 字，屬師組小字類，似與《合集》20957、20966、21052 等同文。據我們與其他繪園甲骨著録書比照，僅發現其中 3 片與《殷虛文字外編》所著録繪園甲骨拓片相重。即《叙圃甲骨釋略》3=《外》210，《叙圃甲骨釋略》4=《外》209，《叙圃甲骨釋略》11=《外》211（該片《叙圃甲骨釋略》漏摹右側"午卜""告""一" 4 字）。

2.《卜辭通纂》

郭沫若著，日本東京文求堂 1933 年石印出版。該書別録一之三收"何遂氏藏甲骨拓片十六片"。郭沫若《安陽新出土的牛胛骨及其刻辭》云"一九三三年初，我纂述《卜辭通纂》，得見何叙甫所藏甲骨文拓片中有'習一卜''習二卜'二辭……"[1]。《卜辭通纂》"示例"云："又何叙甫氏示以所藏甲骨拓本，然均在《通纂》業已編成之後。"（《卜辭通纂》"述例六"）可見 1933 年初，何遂把拓本寄到日本給郭沫若，郭氏見到時《卜辭通纂》已編成，故只能選録部分置于附録。《卜辭通纂》所收 16 片皆見國圖本、古代史所本、史語所本。上云"習一卜""習二卜"之骨即國圖本 15、古代史所本 48。

3.《殷契佚存》

商承祚編著，金陵大學中國文化研究所 1933 年影印本。該書收繪園甲骨拓片 61 片（第 194—254 號）。此 61 片，"就其性質言：甲爲六號，骨爲五十五號。就其分期言：第一期七號，三期十八號，四期三十四號，五期僅得二號，而第二期則無。"[2] 其分期主要爲三、四期。《殷契佚存》所收何

---

[1] 郭沫若：《安陽新出土的牛胛骨及其刻辭》，《考古》1972 年第 2 期，第 3 頁。
[2] 白玉崢：《〈殷契佚存〉概論》，《中國文字》新十一期，1986 年，第 183 頁。

遂藏61片、施密士藏62片、王富晉藏27片，與北大圖書館藏容庚《殷契卜辭》稿本所收富晉書社藏55片、施密士藏79片、何叙甫藏72片很相似，很可能爲一批甲骨。《殷契佚存》之61片或從北大本72片中挑選。上文已分析，《卜辭通纂》據以挑出16片的繪園甲骨拓本底本爲71片，與北大圖書館所藏72片本或屬一套。因此《殷契佚存》所收繪園甲骨與北大圖書館藏本、《卜辭通纂》所據繪園甲骨底本三者來源相同。這也是《卜辭通纂》著錄繪園甲骨16片全部見于《佚》的原因。

何遂、商承祚應是在廣州時開始熟識。何遂1928年5月至1929年年底任廣州黃埔軍校代校務，商承祚1927年9月至1930年9月在中山大學任教。商承祚爲中山大學考古學會主席，何遂爲名譽顧問[1]。二人離開廣州後都到了北平。在北平期間，二人交往甚多，除了《殷契佚存》收錄繪園甲骨外，何遂贈商承祚其甲骨拓本，即古代史所本；《叙圃甲骨釋略》也是由商承祚題字。

4.《殷虚文字外編》

董作賓編著，臺北藝文印書館1956年出版。該書董氏1940年已編成[2]，但"世事多故"，晚至1956年才正式出版。該書《殷虚文字外編目錄表》列出所收甲骨拓片收藏者及編號。何叙甫所藏爲110—144號、202—227號，共61片（141、144爲正反片）。所收數量表面上與《殷契佚存》所收恰好相同，但實際上僅有一片相重（《佚》212=《外》129）。據我們統計，國圖本見于《外》者29片，古代史所本見于《外》者17片。根據《合集材料來源表》，《外》所收繪園舊藏甲骨除上述29片見于國圖本外，其餘大部分藏地爲青島博物館，見于國圖本者藏地則多誤爲"史語所"。

5.《戰後南北所見甲骨錄》之《南北師友所見甲骨錄》卷二

《戰後南北所見甲骨錄》，胡厚宣編著，1951年來薰閣書店出版。所收甲骨皆摹本。其中《南北師友所見甲骨錄》卷二收有繪園舊藏甲骨。該書

---

[1] [馬來西亞] 鄭良淑：《顧頡剛學術年譜簡編》，北京：中國友誼出版公司，1987年，第117頁。
[2] 國家圖書館藏董作賓1941年稿本《甲骨叢編》，書中"采錄資料簡名對照表"列"殷虚文字外編 民國二十九年"。

序例云："南北師友所見甲骨錄者，係十餘年來，每于師友藏家，見有甲骨，隨即摹錄，或實物，或拓本，少則一二片，多或十餘片，乃至數十片，分雖零碎，合則成篇，錄而出之，供之同好。……至卷二所錄，多選自友人葉棐如先生所藏其尊人葉葒漁先生遺著《甲骨文選甲乙編》。"此處説《南北師友所見甲骨錄》卷二多選自葉玉森（葒漁）遺著《甲骨文選甲乙編》，當與何遂舊藏無關。《南師》二收甲骨271片，應該有多個材料來源。國圖本見于《南北師友所見甲骨錄》卷二著錄者22片，古代史所本13片。《南北師友所見甲骨錄》卷二所著錄繪園舊藏甲骨多與《殷虚文字外編》所著錄相重，22片中就有14片重見《外》。

6.《甲骨續存》

胡厚宣編著，1955年群聯出版社出版。該書分上下兩編，上編爲拓本，下編爲摹本。繪園甲骨皆見上編。該書下編書末附有"采錄資料索引表"，其中第二九條爲"何叙甫先生二七片"，其下詳列27片編號。此27片有26片見國圖本，17片見古代史所本，國圖本僅《續存》上2380（《合集》36792）未見。《續存》上所收繪園甲骨，多與《南師》二、《外》相重，三者材料來源應該相同。

7.《甲骨文捃》

該書爲曾毅公所編未刊甲骨拓片精品集，李學勤曾參與編纂，于20世紀50年代初編成。李學勤先生回憶説："1952、1953兩年，曾先生和我都參加了《殷虚文字綴合》的工作……我們還一起編纂過拓本《甲骨文捃》。不過在五十年代中期以後，他的研究重點已轉移到石刻，對于甲骨便不措意了。"[1] 當時北京圖書館所藏繪園甲骨尚未撥交歷史博物館，曾毅公當據繪園甲骨實物選拓選編收入《甲骨文捃》。

《甲骨文捃》後未正式出版，20世紀60年代編《甲骨文合集》時曾氏贈與中國科學院歷史所。全本4册，共收甲骨2965片。"主要包括孟定生、

---

[1] 李學勤：《跋曾毅公〈論甲骨綴合〉》，饒宗頤主編《華學》第四輯，北京：紫禁城出版社，2000年，第35頁。

端方、羅振玉、張仁蠡、明義士、胡厚宣及通古齋所藏，材料精而豐富。"[1] 該書在《合集》及其《補編》編纂時揭去不少，《〈甲骨文捃〉的初步復原》[2] 根據現存及《合集》等所收錄對該書進行了復原。據文中《〈甲骨文捃〉著錄情況簡表》，其中有"何遂（69版）"，即1722號至1790號。各片拓片現存情況爲："被揭去的29版中，13版目前不知去向，16版見于《合補》。留在拓本集中的40版中見于《合集》的6版，見于《合集》和《合補》之外的15版，其餘19版未發現被著錄過。"根據《合集材料來源表》、古代史所本所附來源表等，國圖本有28片爲《甲骨文捃》著錄，古代史所本24片。

8.《歷博》與《國博》

即國家博物館不同時期編的兩種甲骨著錄書：2001年出版的《中國歷史博物館藏法書大觀第一卷　甲骨文、金文》（本書簡稱《歷博》），2007年出版的《中國國家博物館館藏文物研究叢書·甲骨卷》（本書簡稱《國博》）。因爲國博藏有繪園甲骨實物，故國博歷次出版的相關藏品圖錄，只要包含甲骨往往會涉及繪園甲骨。《歷博》與《國博》二書則較爲集中地著錄了國博所藏甲骨。

四、繪園甲骨現藏

1. 國家博物館

前面已述，原藏北京圖書館的129片繪園甲骨，1959年撥交給了國博前身之一的中國歷史博物館。而國博所藏甲骨兩次較爲集中的整理出版，《歷博》是從書法角度，理論上應屬選編，書中也說"雖然數量不多，內容也不夠全面"[3]，但實際上書中也收了部分殘存一二字、兩三字的小片。因此似乎又不是全從書法角度。《國博》屬著錄集性質，理論上應該是國博藏甲

---

[1] 胡厚宣：《大陸現藏之甲骨文字》，第854頁。
[2] 郜麗梅：《〈甲骨文捃〉的初步復原》，《南方文物》2015年第3期，第94—98頁。
[3] 許青松：《書法藝術的童年——館藏殷墟甲骨文字的相關問題》，第3頁。

骨的全面整理公布，但事實上似乎也不全，宋振豪[1]、蔡哲茂[2]等學者已指出。

我們對照國圖本和《歷博》《國博》，《國博》僅著録國圖本90片，《歷博》著録102片。二書所著録又有異同，根據國圖本比對，存在《歷博》有《國博》無、《歷博》一號《國博》分爲二號、《國博》有《歷博》無等情況：

《歷博》有《國博》無者21片：6、8、21、27、30、35、36、40、44、82、95、106、108、109、128、157、159、163、187、188、190（蔡哲茂《讀〈中國國家博物館館藏文物研究叢書·甲骨卷〉》文列舉《歷博》有《國博》無的情況漏106、157[3]）。

《歷博》一號《國博》分爲二號：60（《國博》16+109）、156（《國博》184+202）。

《國博》有《歷博》無者9片：11、17、124、133、140、192、196、217、233。

根據上述，《歷博》比《國博》實際多著録繪園甲骨14片。

國圖本有而《國博》《歷博》二者皆未著録的有18片：

33（古代史所本24）、42、46（古代史所本84下部）、51（古代史所本20）、53（古代史所本63）、54（古代史所本91）、62（古代史所本33）、72、73、75、76、77、93、98、100（古代史所本67）、111、124、125。

《國博》所收繪園舊藏甲骨中，部分有背面照片，可見背面（個別在骨臼）帖有相關號條。有的爲"北圖×××"形式，共16號（括號内爲號條號碼）：國博11（北圖147）、國博47（北圖106）、國博99（北圖25）、國博101（北圖143）、國博117（北圖99）、國博120（北圖97）、國博122（北圖69）、國博124（北圖70）、國博136（北圖22）、國博182（北圖110）、國博184（北圖98）、國博190（北圖36）、國博198（北圖30）、國博199（北圖29）、國博202（北圖96）、國博213（北圖142）。所見最大號147、最小號22。北京圖書館1959年撥交歷博甲骨僅129片，而此號條所見超出

---

[1] 宋鎮豪：《記國博所藏甲骨及其與YH127坑有關的大龜六版》，國家博物館編《中國國家博物館館藏文物研究叢書·甲骨卷》，第282頁。
[2] 蔡哲茂：《讀〈中國國家博物館館藏文物研究叢書·甲骨卷〉》，第278—279頁。
[3] 蔡哲茂：《讀〈中國國家博物館館藏文物研究叢書·甲骨卷〉》，第278頁。

129號的有142、143、147。根據國圖1962年業務檔案《函歷史博物館索取所借甲骨》，1959年除撥交歷史博物館繪園甲骨129片外，還給歷博借陳甲骨22片。22片中有2片1960年歸還，其餘20片歷博則擬長期借陳。或許當時歷博把此20片與繪園甲骨129片統一編號，故有142、143、147等號。1965年，文化部文物管理局下文要求歷博歸還了此20片。

2. 青島博物館

《殷虛文字外編》所收繪園甲骨61片中，根據《合集材料來源表》，《合集》收了43片。其中，除21片見國圖本外，有18片藏地為青島博物館，兩片缺藏地，另有一片來源為"所康"，一片為"吉博"。何遂本人曾在《校經圖序》文中，提及其部分藏品贈青島博物館："予個人所搜集的即逾萬件，分存于北平圖書館、中央研究院、上海博物館，并為著錄成書十六七種，八一三後寄存于北平故宮博物院所建之南京朝天宮庫中，聞為日人所啓，不知流失至何所矣。且同時尚寄存有贈與青島博物館者八箱，内金石彝器及拓本刻版千餘種，并記于此。"[1] 其中應包括甲骨。胡厚宣《大陸現藏之甲骨文字》記青島博物館藏甲骨，有"青島文管會藏8盒27片"；述及歷史所藏選拓青島博物館甲骨拓本時，又云"青島文管會者已著錄在《戰後南北所見甲骨錄·師友所見甲骨錄》及《殷虛文字外編》。"[2] 上文已指出，繪園甲骨重見《南師》二與《外》，此"青島文管會藏8盒27片"應即何遂所贈。原寄存南京朝天宮庫，後不知何時轉到青島文管會，現藏青島博物館。

3. 上海博物館

1932年，何遂毁家紓難，把所藏文物運到上海展覽公賣。部分藏品後經葉恭綽、傅斯年等手讓給中央研究院。1936年春，其他在上海的藏品則寄存在上海市立博物館。1950年，何遂致函上海市政府，決定把原寄存上海市立博物館的藏品捐獻國家。後經清點，此批寄存藏品存6895件，其中有殷墟甲骨12片[3]。據濮茅左《上海博物館藏甲骨文字》序[4]所介紹上博所藏

---

[1] 何遂：《校經圖序》，《説文月刊》1945年第5卷第3—4期合刊，第48頁。

[2] 胡厚宣：《大陸現藏之甲骨文字》，第851頁。

[3] 陳正卿：《最早向新上海捐獻文物的何遂將軍》，《上海灘》2001年第4期，第36頁。

[4] 濮茅左：《上海博物館藏甲骨文字》序，上海：上海辭書出版社，2009年。

甲骨來源，其中有接管前上海市歷史博物館甲骨兩批，一批1022，一批12片。此12片應即何遂原寄存而1950年所捐。此12片《上海博物館藏甲骨文字》編號爲17647。根據書內所收，此12片皆字少小片，組類包括賓組、歷組、出組、何組。

4.臺北"中央研究院"歷史語言研究所

上引何遂《校經圖序》提及其藏品有存中央研究院者，上文也提及1932年運到上海的部分藏品後來讓給了中央研究院。其中似有甲骨藏品。據《國立中央博物院籌備處概況》，書中回顧1933年中央博物院也曾購買何遂繪園古物："繪圖古物之購置繪園古物，原爲閩侯何叙甫氏私藏，計二千餘件。中有巨鹿瓷器，歷代銅器佛像，尤可珍貴者爲南北朝之石刻雕塑。何氏積二十年之精力，由豫陝古玩商手中輾轉而得者。民國二十二年，何氏爲義軍募款，售此籌餉，本院籌備處同人，邀專家爲之鑒定，僉認爲此種富于歷史美術意義之收藏，散佚可惜，亟宜收爲公有。經與何氏磋商，以三萬四千元讓歸本院保存。購置費當時向交通部借墊，經兩載樽節，陸續歸還。"[1] 不過沒提及甲骨藏品。《中央博物院廿五年之經過》一書回顧抗戰期間整理藏品，其中繪園藏品中有甲骨："三十三年度藏品登記工作，較去年擴大進行，計一年內登記之物品，有何叙甫舊藏銅器、陶器、玉器、甲骨等一千二百八十餘件……"[2] 中央博物院于1933年開始籌備，與中央研究院關係密切，人員基本爲中央研究院人員兼任，如中央博物院籌備處首任主任即中央研究院史語所所長。另，該院宗旨之一即"……現有各學術機關之研究工作，如地質調查所及地質研究所之地質與古生物，歷史語言研究所之考古，社會科學研究所之民族，北平研究院之生物調查等，均需一國立博物院爲其展覽保存。"[3] 上述何遂藏品出讓給中央研究院和中央博物院，應屬一批。

1949年中央博物院與中央研究院史語所、故宮博物院、中央圖書館等

---

[1] 曾昭燏：《國立中央博物院籌備處概況》，李淑萍、宋伯胤選注《博物館歷史文選》，西安：陝西人民出版社，2000年，第191頁。

[2] 譚旦冏：《"中央博物院"廿五年之經過》，中華叢書編審委員會，1960年，第197頁。

[3] 曾昭燏：《國立中央博物院籌備處概況》，第183頁。

一起遷到臺灣，1965年"中央博物院"并入臺北故宮博物院。胡厚宣《八十五年來甲骨文材料之再統計》[1]、孫亞冰《百年來甲骨文材料統計》[2]均計臺灣地區藏甲骨有"中央博物院 79"，但未作説明，不知數據來源及現藏。葛亮《一百二十年來甲骨文材料的初步統計》[3]認爲原中央博物院文物移交臺北故宫博物院，并確認臺北故宫現藏甲骨20片。此20片不知是什麽情況。

不過，根據《史語所購藏甲骨集》一書之"來源説明"，其第2號次爲"中央研究院購自南京，原骨45版，發表于《殷虚文字外編》。"[4]此批甲骨或許即中央博物院所購繪園甲骨。《外》全部著録了此批甲骨拓片，編號爲三〇至七五，其目録注明來源爲"購自南京原骨四十五版"。另據《史語所購藏甲骨集》"材料來源表"統計，史語所購藏甲骨中，《南師》二所著録者8例，其中有7例來源爲"號次2"。這與上文所言《南師》二著録繪園甲骨相合。

5. 其他

上文已及，《合集材料來源表》所見，《外》所著録繪園甲骨中，有一片來源爲"所康"，即《外》218、《合集》3430；一片來源爲"吉博"，即《外》223、《合集》21309。宋振豪先生梳理古代史所藏康生舊藏甲骨源流，謂經謝午生元嘉造像室、慶雲堂、李宗侗等遞藏[5]，似與何遂無涉。據《大陸現藏之甲骨文字》，吉林博物館藏甲骨"所藏包括羅振玉藏11盒206片，另有黄鏡涵、徐喜辰、武國勛藏及舊存。"[6]也看不出與繪園關聯。

---

[1] 胡厚宣：《八十五年來甲骨文材料之再統計》，《史學月刊》1985年第4期，第20頁。
[2] 孫亞冰：《百年來甲骨文材料統計》，《故宫博物院院刊》2006年第1期，第34頁。
[3] 葛亮：《一百二十年來甲骨文材料的初步統計》，《漢字漢語研究》2019年第4期，第45頁。
[4] "中央研究院"歷史語言研究所編：《史語所購藏甲骨集》，"中央研究院"歷史語言研究所，2009年，第156頁。
[5] 宋鎮豪：《中國社會科學院歷史研究所藏甲骨》前言，上海：上海古籍出版社，2011年。
[6] 胡厚宣：《大陸現藏之甲骨文字》，第830頁。

五、繪園舊藏甲骨來源

若上述我們對繪園舊藏甲骨現藏分析無誤，則繪園甲骨現藏國家博物館 129 片、青島博物館 27 片、上海博物館 12 片、史語所 45 片、古代史所 1 片、吉林博物院 1 片。繪園所藏甲骨共約 215 片。

關于繪園甲骨的來源，目前所見沒有專門記載。《何遂年譜簡編》于 1930 年記："是年先生閑居北平，致力于繪畫考古，尤着力于甲骨文之搜集。"[1] 不知此說所據爲何，但綜合各方面信息，此說應該與事實接近。何遂 1929 年年底搬到北平定居，1932 年開始處理其甲骨等藏品。而且這期間正有部分殷墟甲骨流到北平市面。

1929 年年末史語所第三次殷墟發掘期間，河南省博物館也派人在當地發掘；1930 年史語所暫停殷墟發掘。在此期間，因當地混亂，殷墟甲骨多有流出者。白玉崢根據《佚》所收繪園甲骨分期，也指出何遂甲骨得于北平："審何氏此藏，三及四期者爲最夥，約當十之七以上；極可能得于北平之坊間。"[2] 前面已述，北大圖書館藏容庚《殷契卜辭》稿本所收富晉書社藏、施密士藏、何叙甫藏，與《殷契佚存》所收何遂藏、施密士藏、王富晉藏，很可能爲一批甲骨。施氏所藏多屬三期，且衆所皆知爲殷墟所流出[3]，繪園甲骨也多爲三、四期。不僅《殷契佚存》所收繪園甲骨 61 片，即國圖本全部 129 片，也都是以三、四期爲主。據我們粗略統計，國圖本 129 片中屬三、四期的有歷組 43 片、無名組 52 片，約占七成多。《殷契佚存》與《殷契卜辭》所附，應該都是當時北平市面所見殷墟流出甲骨。《殷契佚存》與《鄴中片羽初集》所收也多有交叉，《殷契佚存》所收通古齋主人黄濬 60 片、于省吾 7 片都見于《鄴中片羽初集》。曾毅公《五十年來之甲骨學》述及黄濬通古齋甲骨流散情況云："所收甲骨頗夥，一部分發表于《鄴中片羽》初、二、

---

1 何達、王苗主編：《何遂遺踪：從辛亥走進新中國》，第 355 頁。
2 白玉崢：《〈殷契佚存〉概論》，《中國文字》新十一期，1986 年，第 183 頁。
3 董作賓：《殷契佚存》序，金陵大學中國文化研究所 1933 年影印本。

三集。先後分售于省吾、輔仁大學之華裔學會、北京圖書館及胡厚宣。"[1] 或許《殷契佚存》等所著録皆出自通古齋。我們曾分析，善齋甲骨有部分來自通古齋[2]。根據本書所附"繪園甲骨綴合情況表"（見"檢索表"之表七），繪園三、四期甲骨掇與善齋甲骨綴合，或可說明何遂等舊藏甲骨確實來自通古齋。白玉崢文又云"蓋《鄴初》所著録之拓本，多與《粹編》《甲編》《文録》等之拓本相綴合，而何氏此藏，則可與《鄴初》之拓本密接綴合，當爲同時同坑所出土者。此雖僅據一片之綴合而予推測，未必能概括其全部，抑亦未必全非。"[3] 白氏所云與《鄴初》綴合，應指《合集》35085（《佚》206 +《鄴初》下 38.10(《京》4687)）。至于與《甲》綴合，如：《合集》22473（《佚》223）+《合集》13179 乙（《甲》212）+《合集》13179 甲（《甲》257）。《佚》206、223 皆繪園舊藏，而《甲》212、257 爲史語所第一次發掘所得[4]，故《鄴初》所著録部分繪園甲骨與史語所第一次發掘爲同一地點。

"繪園甲骨綴合情況表"所録各組綴合中，師組皆與《京人》綴合。我們知道《京人》所收基本爲羅振玉舊藏甲骨，此 3 組綴合也許反映繪園甲骨部分原爲羅振玉舊藏，應得自古董店，屬早期出土品。

---

1 曾毅公：《五十年來之甲骨學》，孫俊、程天舒、林世田等編著《燕京傳薪録——中法漢學研究所未刊稿研究》，南京：鳳凰出版社，2021 年，第 31 頁。
2 趙愛學：《善齋甲骨來源考》，《文津學志》第十一輯，北京：國家圖書館出版社，2018 年，第 51—52 頁。
3 白玉崢：《〈殷契佚存〉概論》，《中國文字》新十一期，1986 年，第 183 頁。
4 董作賓：《殷虛文字甲編》序，國立中央研究院歷史語言研究所，1948 年。

凡 例

一、國家圖書館藏繪園甲骨多個拓本複本，其一題"繪園舊藏甲骨文字"（本書稱"國圖複本二"），其一題"繪園甲骨北京圖書館藏點交底册"（本書稱"國圖複本一"）。二者拓片質量有一定差別，本書選擇總體較優的"繪園甲骨北京圖書館藏點交底册"爲底本影印，整理題名亦作"繪園舊藏甲骨文字"。

二、本書包括前言、拓本、釋文、檢索表四部分。"前言"詳細梳理繪園甲骨存世拓本、著録、來源等。"拓本"部分爲原拓本原樣等大影印。個別拓片誤上下倒置，也保持原樣，在"釋文"部分作説明並附方向調正後拓片。個別"國圖複本二"較優拓片，遴選置于"釋文"部分。個別綴合圖片以國圖藏品拓片圖等清晰圖新製作綴合圖，亦置于"釋文"部分。

三、本書"釋文"部分，每片甲骨除釋文外，也著録該片材質、組類、著録情況，并對該拓本與其他拓本比較等情況作説明。

四、本書甲骨釋文一般爲嚴式隸定。個别頻現之字，如"鼎（貞）"，則徑用後起通用字。釋文中"□"表示缺一字，"…"表示所缺字數不詳，字外加〔　〕表示按照文例或綴合片擬補之字。

拓 本

3	1
4	2

7

8

5

6

11

9

12

10

16

15

19

17

19	17
20	18

20

18

22 | 21

24 | 23

26 | 25

29

27

29	27
30	28

30

28

33

31

34

32

37

35

37	35
38	36

38

36

41

39

42

40

45

43

45	43
46	44

干卽

倒

46

44

49	47
50	48

53	51
54	52

60	58
61	59

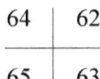

64	62
65	63

68	66
69	67

72

72	70
73	71

73

76

74

76	74
77	75

77

75

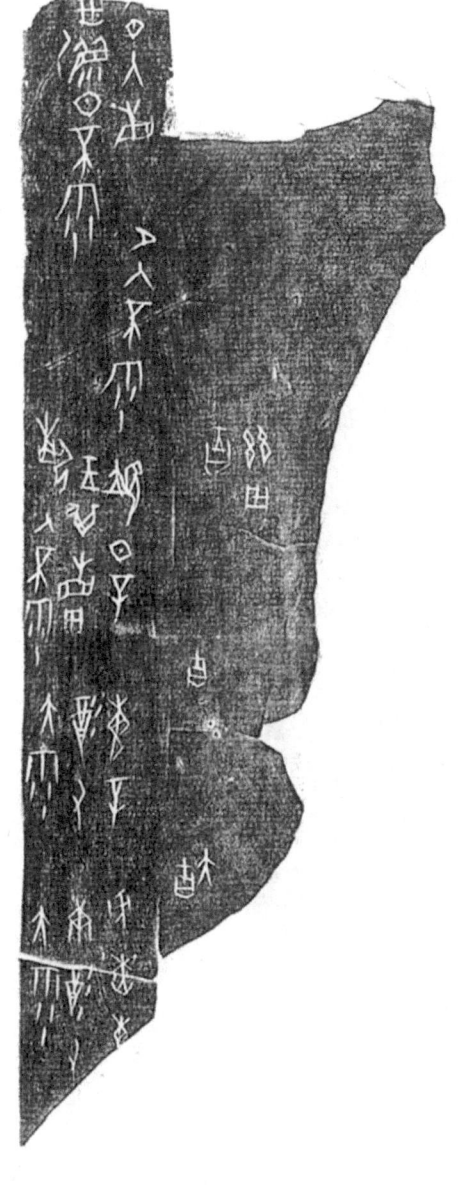

81

82

84 | 83

86 | 85

89

87

89	87
90	88

90

88

93	91
94	92

97	95
98	96

101

99

101	99
102	100

102

100

105

103

105	103
106	104

106

104

109

107

109	107
110	108

110

108

拓本

111

113

113	111
114	112

112

114

117

115

117	115
118	116

118

116

121

119

121	119
122	120

122

120

125

123

125	123
126	124

126

124

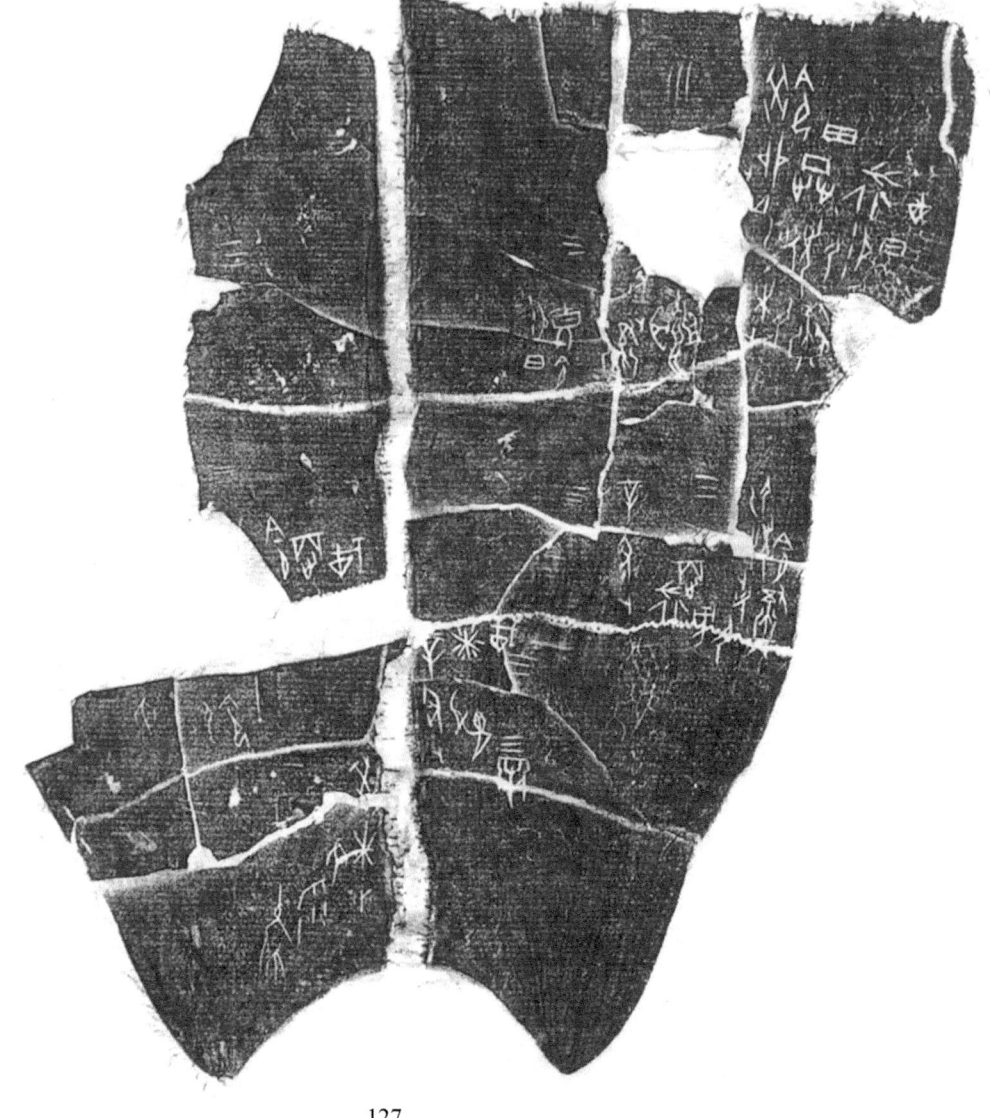

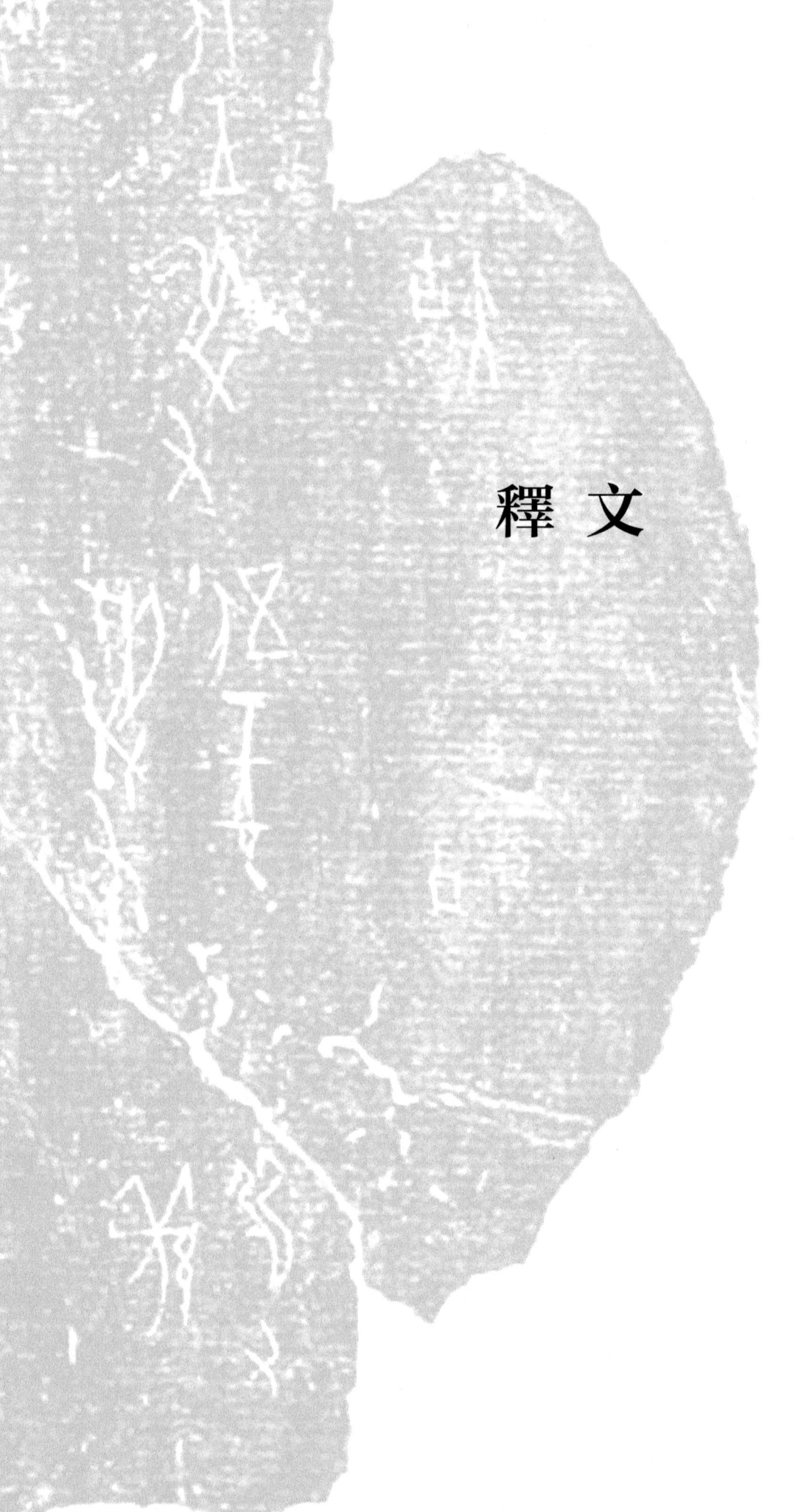

釋文

1 骨 歷組

著録：《合集》33727 古代史所本 52 北大本 8.27 史語所本 15 《歷博》107 《國博》158 《佚》209

釋文：

（1）辛未貞：叀…一

（2）一

2 骨 歷組

著録：《合集》35120 古代史所本 55 北大本 8.2 史語所本 115 《歷博》56 《國博》102 《外》136 《续存》上 2201 《南師》2.130

釋文：

（1）癸亥貞：旬亡[囚]。

（2）貞：旬又囚。

（3）一

（4）二

説明：此片《國博》實物照片較清晰。國圖本所拓各字較爲清晰，國圖複本一右下"亡"字拓出下邊緣斜劃（《外》136 亦拓出，但摹本漏摹），國圖複本二拓出下邊緣殘字。國圖複本二以第 27 號（《合集》35054，古代史所本 101）與此片綴合，雖字體、辭例相近，但不密合，根據骨原邊及拼接後完整骨尺寸看，此綴不成立。國圖複本二拓片圖附在下面。

3 骨 黄類

著録：《合集》37803 古代史所本 3 北大本 7.26 史語所本 20 《歷博》189 《國博》215 《佚》197

釋文：

□□[卜]，貞：王其田，亡災。

說明：國圖複本一左上拓出斷裂處骨茬。

4 骨 無名組

著録：《合集》29384 古代史所本 79 北大本 7.29 史語所本 109 《歷博》174 《國博》225 《佚》244

釋文：

（1）…其田，宿于🦴。

（2）…[王（？）]…

說明：國圖複本一左側拓出殘字，似"王"，《國博》225 照片及拓片亦可見，諸家釋文未釋。"宿"字所從之"因"諸本多未拓清，國圖二複本、《合集》29384 及《佚》244 稍清晰。"🦴"字應即"岳"字，類似"岳"字異體"🦴"。上部類似圓圈的部件，似先刻下面橫劃，再補左右二曲劃。

5 骨 歷組

著録：《合集》29435 古代史所本 73 北大本 7.15 史語所本 107 《歷博》152 《國博》127 《佚》207

釋文：

其三牛。二

6 骨 歷組

著録：《合補》10871 古代史所本 51 胡厚宣藏本 36 《歷博》109 《外》131 《文捃》1781

釋文：

（1）乙卯貞…未□…

（2）…大…

説明："貞"下之短橫應屬"貞"字，"漢達文庫——甲骨文庫"[1]（下文簡稱"漢達文庫"）此條釋文作"乙卯鼎（貞）：其…未…"，或是以短橫爲"其"之殘。右側"未"字上下存在骨皮剝落，但從字大小比例看，"未"字上應無字。《歷博》109照片亦看不出爲"己"字，《外》131摹本作"己未貞"，誤。"乙"上殘字國圖本拓出中間豎劃和右側斜劃，應爲"大"字，他本多未拓出并釋出。

7 骨 無名組

著録：《合集》34854 古代史所本98 北大本8.5 史語所本116 《歷博》96 《國博》150 《外》133 《续存》上2046 《南師》2.219

釋文：

（1）[癸巳貞：旬亡囚。]

（2）[癸卯，貞：旬亡囚。]

（3）[癸丑貞：旬亡囚。]

（4）[癸亥貞：旬亡囚。]

（5）[癸酉貞：旬亡囚。]

（6）癸未貞：旬亡囚。

説明：國圖複本一總體較優。此片可與《合集》34923（北圖15397）綴合（林宏明綴），見

---

[1] "漢達文庫——甲骨文庫"，香港中文大學劉殿爵中國古籍研究中心開發，網址：http://www.chant.org/。

前頁圖（國圖本 7+ 北圖 15397）。據北圖 15397 實物，左上明顯有"未"字殘筆劃（拓片往往因未注意而未拓清），可與此片"未"字接合。

8 骨 歷組

著錄：《合集》34124 古代史所本 14 北大本 7.6 史語所本 33 《歷博》74 《國博》136 《佚》211 《通》別一 3.3

釋文：

（1）[叀宁壴令田。]

（2）[叀䳿令田。]

（3）[叀㠱令田。]

（4）[庚申，王令㠱田。]

（5）辛未卜，王令厚示㞢。

（6）叀匕辛㐅用。

（7）[壬戌]卜，[又]歲[于]伊[廿]示又三。

（8）[壬戌卜，羌一用于父□。三]

（9）[于大示㱃又伐。三]

（10）[三]

說明：國圖複本一拓出左下角斷裂骨茬，其他諸本多未拓出，僅《通》別一 3.3、《歷博》74 稍拓出。《佚》211 下邊緣字未拓全。此片可與國圖本 65（《合補》10373）及北圖 5494（《合集》32215）、北圖 12250（《合集》32860）、北圖 20643（《合集》33218）綴合（綴合圖見下頁）。綴合組《合集》32215+《合集》34124+《合補》10373 參林宏明《醉古集——甲骨的綴合與研究》[1]288 及《契合集》[2]361，《合集》32860+《合集》33218 參《醉古集》289。蔡哲茂《甲骨新綴十則》[3]把《合集》34124 與《合集》32860 綴合。《醉古集》289 說明文字中認爲《合集》32860 與《合集》33218 綴合

---

1 林宏明：《醉古集——甲骨的綴合與研究》，臺北：萬卷樓，2011 年。
2 林宏明：《契合集》，臺北：萬卷樓，2013 年。
3《古文字研究》第二十六輯，北京：中華書局，2006 年，第 118—124 頁。

無法確定兆序爲三，故暫時作分開處理。今據國圖複本一拓片及北圖12250拓片，可見二者較爲密合，左側斷裂骨茬亦相合。且有與此爲成套同文卜辭的《合集》34123+《合集》33219印證，此組綴合應成立。《合集》32860未拓出左下"田"字殘劃，國圖本拓出。《醉古集》289所據《合集》拓片因未拓出，故所摹此組綴合，《合集》32860無"田"字殘劃，誤以爲《合集》33218"田"字完整。第（6）條""字多釋爲"新"字，從字形看可能是"匕辛"合文。字右側構件與典型的"斤"有差別，而爲典型的"匕"寫法，並且"匕"之上斜劃在左側構件的斜叉之下，與"新"字在斜叉之上有別。另外《合集》32331也有类似辞例："叀父丁七十用"。

釋文

9 骨 無名組

著録：《合集》28324 古代史所本 10 北大本 7.35 史語所本 25 《歷博》165 《國博》222 《佚》224

釋文：

（1）四鹿隻。

（2）五鹿隻。

説明：國圖本字清晰，且淺墨拓出骨面豎行裂紋等情況。此片"𠄡"字與一般"五"字相比中間多一横，但從辭例看無疑即"五"字。同字又見北圖 30703 及《英藏》1875，二片爲同文卜辭，字體屬師賓間組。又北圖 30703 釋文作"□申卜，𠄡不隹（惟）娸。一""□申卜，𠄡[不]…娸"。此二例又似非"五"字。此字有待進一步考察。

10 骨 歷組

著録：《合集》32418（下部） 古代史所本 4（下部） 北大本 7.5（下部） 史語所本 110 《歷博》60（下部）《國博》16 《佚》233（下部）《通》別一 3.1（下部）

釋文：

（1）戊戌…

（2）戊戌貞：告其壹彡于…六…

（3）其九牛。

（4）庚子貞：其告壹于大乙六[牛]，更𢔛祝。

（5）[更王祝。]

説明：國圖本拓出骨左右斷裂處骨茬。國圖複本二以之與 21 號綴合，粘綴于 21 號處，複本一則分處。古代史所本此二片爲 1 號，下半部分有殘缺，接茬處"告"字之"口"缺，原因不明，因爲《歷博》等實物照片所見並未缺。北大本 7.5、《佚》233 亦二者爲一號，不知是骨未斷時所拓，還是編纂者所綴。此片可與《合集》34444(《安明》2411）綴合[1]（國圖複本一10+21+《合集》34444綴合圖見下圖）。

---

[1] 周忠兵：《歷組卜辭新綴三十例》，《古文字研究》第26輯，北京：中華書局，2006年，第125—128頁。

11 骨 歷組

著録：《合集》32148 古代史所本 11 北大本 7.3 史語所本 26 《歷博》67 《國博》119 《佚》199

釋文：

（1）其寮。

（2）其用孜羊。

（3）□辰卜：翌丁巳先用三牢，羌于酉用。

12 骨 歷組

著録：《合集》32724 古代史所本 23 北大本 7.2 史語所本 27 《歷博》47 《國博》91 《佚》214《通》別一 3.5

釋文：

（1）[癸酉貞：方大出，立中于北土。一]

（2）癸酉：□[其告于]且乙[一]牛。[一]

（3）癸酉：其告于父乙一牛。一

（4）癸[酉]…乙…易[日]…一

（5）不易日。一

說明：國圖本拓出左上角骨茬，所拓邊緣殘字較爲清晰，《國博》91、《通》別一 3.5 拓片亦較清晰。左上角殘"牛"字國圖複本一可見中間有短橫，他本多未拓出。第（2）條"癸酉"之下有殘字，似"丁"，不確定。此片可與《合集》33049（《續存》下 803）綴合[1]（綴合圖見下頁）。

---

[1] 周忠兵：《甲骨新綴十一例》，《殷都學刊》2007 年第 2 期。

13 骨 無名組

著録:《合集》31078 古代史所本 15 北大本 8.16 史語所本 31 《歷博》155 《國博》193 《佚》253

釋文:

(1) □戌卜：又戠，其舌于…王受又又。

(2) …[ ]…

説明：國圖本及《佚》253、《國博》193 等拓片所見左下部邊緣無字部分缺，古代史所本尚存。國圖本、《佚》253、《國博》、《歷博》實物照片皆清晰可見右側"貝"旁小字，諸家多漏釋。《國博》193 釋文有"不　鼃"，不知是誤置還是針對此小字釋文。該片屬無名組，不應出現"不　鼃"。孫亞冰認爲可能爲" "之殘，或是。

14 骨 歷組

著録:《合集》32138 古代史所本 43 北大本 7.14 史語所本 10 《歷博》73 《國博》123 《佚》229 《通》別一 3.10

釋文：

(1) 癸巳…三

(2) 征萑歲。

(3) 三牢。

(4) 五牢。三

(5) 又羌。

説明：國圖本、古代史所本、《國博》、《歷博》、史語所本[1] 拓片中間斷裂縫隙較小，《合集》等其他本縫隙較大。

15 骨 無名組

著録:《合集》31672 古代史所本 48 北大本 7.31 史語所本 17 《歷博》

---

[1]《何遂遺踪：從辛亥走進新中國》一書收録史語所本 3 幅書影，此其一。參何達、王苗主編《何遂遺踪：從辛亥走進新中國》，第 93 頁。

151《國博》199《佚》220《通》别一 3.12

釋文：

（1）癸未卜：習一卜。

（2）習二卜。

（3）王其鄉，才宿。

（4）弜鄉。

説明：國圖複本一"習"字稍不清晰，複本二清晰。

16 骨 無名組

著録：《合集》30325 古代史所本 1 北大本 8.15 史語所本 18 《歷博》137《國博》198《佚》217《通》别一 3.4

釋文：

（1）甲…

（2）且丁舌，才弜，王受又。

（3）寧宗，王受又。

（4）[弜]去，舌，于之若。

説明：國圖本較清晰，拓出左上角斷裂骨茬，其他本多未拓出。"去"字清晰，但第（4）條"舌""于"二字不清晰。《國博》《歷博》實物照片文字較清晰。

17 骨 無名組

著録：《合集》35085（下部）古代史所本 9 北大本 8.4 史語所本 30《歷博》97《國博》151《佚》206

釋文：

（1）癸亥貞：旬亡囚。

（2）癸酉貞：旬亡囚。

（3）[癸]未[貞]：旬[亡]囚。

説明：此片《合集》35085 以之與《鄴初》下 38.10（《京》4687）綴合。

今據《京》4687清晰圖與國圖複本一綴合（見下圖），由"癸""貞"二字殘劃看此綴不成立。古代史所本此片上邊緣殘"貞"字似亦拓出右側豎筆殘筆劃，則不但"癸"字不切合，"貞"字亦對不上。

18 骨 無名組

著錄：《合集》35099 古代史所本12 北大本8.3 史語所本24《歷博》101《國博》152《外》134《续存》上2153《南師》2.223

釋文：

（1）癸[丑]貞：[旬]亡[囚]。

（2）癸亥貞：旬亡囚。

（3）[癸]酉[貞]：旬[亡]囚。

說明：國圖本拓出斷裂骨茬，字比古代史所本稍差，第（2）條"旬""亥"字斜劃未拓清。《歷博》101照片字很清晰。蔡哲茂《讀〈中國國家博物館館藏文物研究叢書·甲骨卷〉》"釋文及斷句的商榷"部分謂《國博》152"（3）之'酉'，卜辭未見，當改爲'丑'"。但該片"酉"字清晰，應是指《國博》152第（1）條釋文"癸[未]"之"未"需改爲"丑"。《外》134摹本以國圖本7與此遙綴，前已指出，國圖本7與《合集》34923（北圖15397）可實綴。

19 骨 歷組

著錄：《合集》34150 《合補》10605乙 古代史所本17 北大本8.7 史語所本29 《歷博》51 《國博》98 《佚》227 《通》別一3.13

釋文：

（1）庚[午卜]：辛[未]雨。[允雨]。

（2）庚午卜：壬申雨。允亦雨。一

（3）辛未卜：帝風。不用，雨。一

（4）壬申卜：川敦邑。

說明：蔡哲茂《甲骨綴合集》[1]218據同文之《屯南》2161把此片與《合集》18915（即北圖11601）綴合，又以《合集》35290（即北圖7218）遙綴，相關圖見下頁圖。但據北圖7218實物（下頁左下圖），右邊爲骨原邊，與《屯南》2161此條同文卜辭位置有異，未必定爲同骨之折。第（3）條兆序字"一"古代史所本釋文等漏釋。

---

[1] 蔡哲茂：《甲骨綴合集》，臺北：樂學書局有限公司，2019年。

20 骨 歷組

著録：《合集》33207 古代史所本 22 北大本 7.32 史語所本 8 《歷博》134 《國博》155 《佚》200

釋文：

（1）甲［子］…王□…

（2）…□才北💢西。

説明：此片甲骨各本拓片皆較爲清晰。國圖複本一、《合集》33207 皆拓出左下邊緣殘字，中間長豎，兩邊各一短豎，確爲"子"殘字。

21 骨 歷組

著録：《合集》32418（上部）古代史所本 4（上部）北大本 7.5（上部）史語所本 19 《歷博》60（上部）《國博》109 《佚》233（上部）《通》別一 3.1（上部）

説明：釋文見第 10 號處。國圖複本拓出斷裂骨茬、字劃清晰，《歷博》《國博》實物照片亦甚清晰。左下角"于"字國圖複本一所拓較他本爲優，其上橫劃較長，與實物所見一致。

22 骨 歷組

著録：《合集》29643 古代史所本 5 北大本 7.10 史語所本 21《歷博》148 《國博》190 《佚》208

釋文：

（1）三牛。

（2）五牛。兹用

（3）三小宰

23 骨 無名組

著録：《合集》30725 古代史所本 45 北大本 7.11 史語所本 13 《國博》196 《佚》241

釋文：

（1）弜…辛…告…

（2）叀兹豊用。

（3）弜用兹豊。

（4）叀兹豊用，王[受又]。

（5）…用…㲿。

説明：國圖本較其他拓本清晰，《國博》照片較清晰。古代史所本不知爲何左下角"告"字下部"口"旁殘缺，國博實物所見并未殘缺。第（4）條"受"字似可見左上之"爪"旁。第（5）之"㲿"字古代史所本、《國博》釋作"豊"，《甲骨文校釋總集》[1]、《殷墟甲骨文摹釋全編》[2]、漢達文庫等釋爲"壴"。此字從字形比例看，此字似不殘缺，字形爲"壴"上部中間多二小點，與同版"豊"字不同，也與"壴"左右有小點的"壴"字異形不同。

24 骨 無名組

著録：《合集》27631 古代史所本47 北大本7.13 史語所本16 《歷博》143 《國博》194 《佚》203 《通》别一3.8

釋文：

（1）其三馬。

（2）叀不勿馬。

（3）叀勿馬。

（4）…兄辛。

25 骨 歷組

著録：《合集》32172 古代史所本44 北大本7.12 史語所本22 《歷博》150 《國博》185 《佚》218 《通》别一3.11

釋文：

---

[1] 曹錦炎、沈建華編著：《甲骨文校釋總集》，上海：上海辭書出版社，2006年。

[2] 陳年福：《殷墟甲骨文摹釋全編》，北京：綫裝書局，2010年。

（1）叀小宰用。

（2）晋及一人。

（3）晋及二人。

（4）三人。

（5）卯叀…

説明：此片國圖本（1）之"叀小"二字未拓清，其餘諸字均好。國圖複本二拓片附在下面。

26 骨 無名組

著録：《合集》26936 古代史所本 46 北大本 7.9 史語所本 14 《歷博》149 《國博》186 《佚》225 《通》別一 3.9

釋文：

（1）弜。

（2）其晉及十牢又羌。

（3）二十牢又羌。

（4）三十牢又羌。

説明：此片國圖本拓片總體清晰，拓出右上斷茬處，個别筆劃未拓出。

27 骨 歷組

著録：《合集》35054 《合補》10764(上部) 古代史所本 101 北大本 8.1 史語所本 35 《歷博》57 《國博》103 《外》143 《續存》上 2155 《南師》2.222

釋文：

（1）[癸未貞：旬亡囚]。

（2）[癸巳貞：旬亡囚]。

（3）癸[卯]貞：[旬亡囚]。

（4）癸丑貞：旬亡囚。二

（5）癸亥貞：旬亡囚。

説明：此片國圖本比其他拓本清晰，古代史所本不大清晰。國圖複本二以之與 2 號左右綴合，但不密合。從骨原邊弧度看，二者也不可能直接綴合。《合補》10764 已以之與《合集》34928（《續存》上 2169、善 10120、北圖 15522）上下綴合（綴合圖見下頁）。《合集材料來源表》誤此片藏地爲"史語所"。

28 骨 歷組

著録:《合集》34558　古代史所本 83　北大本 8.35　史語所本 45　《歷博》133　《國博》131　《佚》222

釋文:

（1）弜替酒。

（2）…□…

説明:骨上部斷裂邊緣有殘字,國圖複本一所拓較爲清晰。

29 骨 無名組

著録：《合集》30278　古代史所本 97　北大本 8.19　史語所本 126　《歷博》183　《國博》229　《佚》204

釋文：

（1）于…㘴…

（2）弗每。

30 骨 無名組

著録：《合集》29486　古代史所本 99　北大本 8.24　史語所本 45　《歷博》178　《國博》200　《佚》221

釋文：

（1）叀勿牛，方…

（2）…其…

（3）[吉]

説明：此片國圖本"其"字稍不清晰。古代史所本拓片比國圖本、《佚》《國博》《合集》等多一"吉"字。核《國博》實物照片，此字似因殘斷丢失。此説明古代史所本時間更早。

31 骨 歷組

著録：《合集》34540　古代史所本 88　史語所本 40　《歷博》68　《國博》126　《外》118　《南師》2.200（不全）

釋文：

…[甲]辰酒□…牛三。

説明：此片古代史所本未拓出"酒"字，國圖本及其他皆拓出。《南師》2.200 右側"三"誤摹爲"二宰"。

32 骨 無名組

著録：《合集》29050　古代史所本 81　北大本 7.21　史語所本 114　《歷博》

170 《國博》211 《佚》254

釋文：

（1）于□，亡[𢦏]。

（2）于喪，亡𢦏。

（3）于盂，亡𢦏。

説明：國圖複本二把此片拓片拼合於第 50 號（《合補》10162）處，且於其右側鉛筆注"原坑已折"，意此爲後綴。此應爲曾毅公先生所綴。但二者不密合，骨原邊弧度也不合。

33 骨 一期

著録：古代史所本 24 《文捃》1729

釋文：

…□令…

説明：國圖複本二拓片較清晰，附在下面。

34 骨 歷組

著録：《合集》32180 古代史所本 86 北大本 8.29 史語所本 36 《歷博》54 《國博》142 《佚》198

釋文：

（1）□卯卜：隹…□反，虫。

（2）不[雨]。

說明：此片國圖本拓出"隹"字左側斷茬。《國博》實物照片文字較爲清晰。

35 骨 歷組

著録：《合集》33951 古代史所本 8 北大本 8.10 史語所本 34 《歷博》91《國博》129《佚》215

釋文：

…酒、莽，不雨。三

說明：此片國圖本與《合集》等一樣清晰，但左側"三"字未拓清。古代史所本此片舊著録有"叙圃 34"，根據其他條著録情況，此"叙圃"應指蔡哲茂《讀〈中國國家博物館館藏文物研究叢書·甲骨卷〉》文附表之史語所本號，古代史所本所録叙圃號有的爲《歷博》所録叙圃號。

36 骨 歷組

著録：《合集》33096 古代史所本 95 北大本 8.28 史語所本 47《歷博》93《國博》104《佚》252

釋文：

[辛亥貞：生月乙]亥，酒、縣，立中。

說明：此片釋文根據《合集》32227（善 579，粹 398，北圖 5982）同文卜辭補全。北圖 5982 清晰圖附在下面。

37 骨 無名組

著錄：古代史所本 66 《歷博》163 《续存》上 1963

釋文：

叀…田，亡…

説明：此片國圖本、《歷博》本清晰。

38 骨 歷組

著錄：《合集》33699 古代史所本 96 史語所本 127 《國博》140 《续存》上 1941 《南師》2.198

釋文：

（1）[庚辰貞：日又戠]，[裴][囚]，隹[若]。

（2）[庚辰]貞：日又戠，告于河。

説明：此片國圖本、《合集》等比古代史所本稍清晰。《國博》照片較清晰。此片與《合集》33698（北圖5509）同文（同文圖對比見下）。馮時《殷卜辭乙巳日食的初步研究》[1]、李學勤《日月又戠》[2]、古代史所本釋文皆指出此片與《合集》33698同文，并釋左側殘字爲"庚辰"。結合《國博》實物照片，"庚辰"應無誤，漢達文庫釋作"戊寅"有誤。

---

1 馮時：《殷卜辭乙巳日食的初步研究》，《自然科學史研究》1992年第2期。
2 李學勤：《日月又戠》，《文博》1998年第5期。

39 甲 師組

著録：《合補》1543 古代史所本 6 史語所本 106 《國博》17 《外》110 《文捃》1788

釋文：

（1）癸…□…

（2）…罙…

説明：此片爲龜腹甲右首甲拓片，國圖本拓片置向有誤，應以字爲正。調正圖見下。

40 骨 歷組

著録：《合集》35158、41686 《歷博》106 《续存》上 2024 《南師》2.213

釋文：

不用。

41 骨 無名組

著録：《合集》30905 北大本 8.23 史語所本 120 《歷博》146 《國博》183 《佚》235

釋文：

…匕壬（？）眔酒。

説明：此片蔡哲茂《讀〈中國國家博物館館藏文物研究叢書·甲骨卷〉》未指出《合集》30905及《佚》235著錄。"罙"上之字諸家釋文多未釋，《國博》釋作"妣□"，北大本容庚釋文作"妣甲"。根據國圖複本二及《國博》183、北大本8.23拓片，右側確爲"匕"字。應爲"妣某"合文，左側上部殘，但顯非"甲"字，很可能爲"壬"字，其下橫劃之下刻劃似非字劃。"妣壬罙酒"與《合集》27441"大庚奭妣壬罙酒"辭例同，字體亦相近。國圖複本二拓片圖附在下面。

42 骨 歷組

著録：（無）

釋文：

（1）貞：□…二

（2）二

43 骨 無名組

著録：《合集》40798 《國博》233 《续存》上2249 《南師》2.77

釋文：

…□爰日。

説明：此片國圖本"爰"上可見有殘字。《合集》40798僅收《南師》2.77摹本，漏收《续存》上2249拓片，《國博》233亦未指出《续存》上2249著録。

44 骨 歷組

著録：史語所本112 胡厚宣藏本41 《歷博》76 《國博》159

釋文：

（1）…卯□…五歆□。

（2）…□□□…

説明：此片《國博》釋文作"□卯卜，…五歆伊…"，蔡哲茂《讀〈中國國家博物館館藏文物研究叢書·甲骨卷〉》認爲"伊"字爲誤增。"卯"字雖殘，基本可辨出。"卯"右下有殘存一豎劃，未必是"卜"字，此處"卯"亦有可能爲用牲法，非干支。查《歷博》實物照片，"歆"字下確似有刻劃，但《國博》實物照片所見不明顯。《國博》拓片、國圖複本一依稀可見"歆"下有一豎劃。骨之右下角顯有字，不清晰，《國博》《歷博》釋文未説明。

45 骨 無名組

著録：《合集》29443 古代史所本78 北大本8.17 史語所本37 《歷博》154 《國博》191 《佚》202

釋文：

（1）二牛，王受又。

（2）□[牛]，王[受]又。

46 骨 歷組

著録：《合集》32546（下部） 古代史所本84（下部） 《文捃》1773（下部）

釋文：

…[其叙]于且乙…

說明：此片國圖複本一拓片方向顛倒，拓片右側有紅筆注明"倒"。古代史所本所收更完整，國圖本分爲46和61二號。國圖複本二把此號拓片粘附于61號拓片處（見下左圖）。但據古代史所本，拼接位置不準確。國圖複本一文字清晰，優于古代史所本。下右圖爲國圖複本一46與61拼合圖，對照古代史所本，可見"于"字二橫已不完整。《歷博》《國博》僅見國圖本61號，未見此46號。

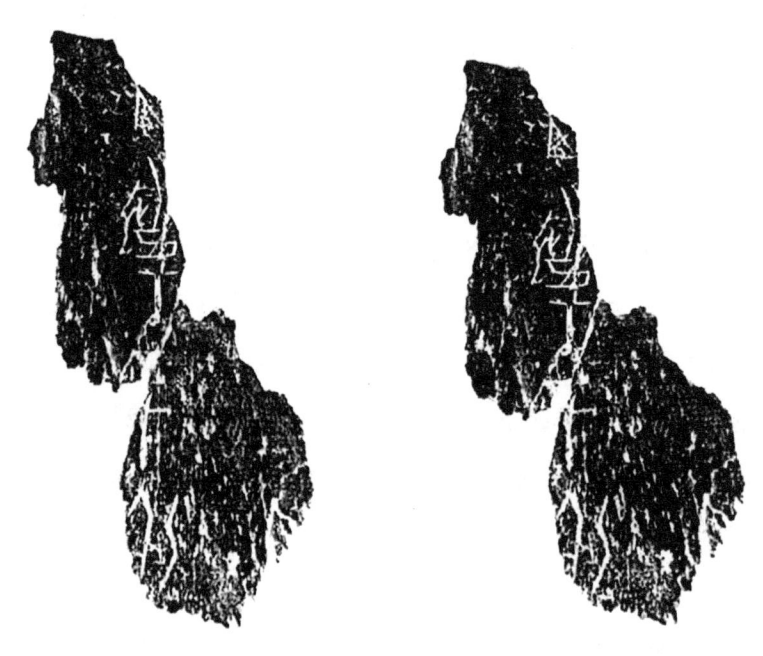

47 骨 無名組

著錄：古代史所本 77　北大本 7.30　史語所本 85《歷博》167　《國博》146《佚》238

釋文：

（1）庚…

（2）[弜]田，[其]每。

說明：此片《國博》146拓片下部誤裁掉一部分，"庚"字不全。

48 骨 無名組

著録：《合集》29218 古代史所本 71 北大本 7.28 史語所本 124 《歷博》169 《國博》208 《佚》245

釋文：

…其田斿…

49 骨 無名組

著録：《合集》29831 古代史所本 75 北大本 8.11《歷博》190 《外》132 《文捃》1740 《续存》上 1731 《南師》2.194

釋文：

不雨。

説明：此片國圖本、《合集》拓片等"不"字長橫上拓出短橫，古代史所本、《外》132 未拓出，《南師》2.194 亦未摹出。

50 骨 無名組

著録：《合補》10162 古代史所本 87 史語所本 44 胡厚宣藏本 64《歷博》176 《國博》212 《文捃》1748

釋文：

（1）庚戌卜：翌日王其迺于□…

（2）[于] 喪，[亡] 戈。

説明：此片國圖複本二以之拼合于與 32 號（《合集》29050）處，應不成立。國圖本、《國博》等拓片總體比古代史所本稍清晰，但"翌""王"二字不如古代史所本清晰。古代史所本"其"字未拓清，釋文漏"其"字。

51 骨 無名組

著録：古代史所本 20 《文捃》1743 《续存》上 1920

釋文：

…□羊。兹 [用]。

説明：此片國圖本拓出"茲"完整筆劃，古代史所本、《續存》上1920不全。古代史所本未指出《續存》上1920著録。

52 甲 非王卜辭

著録：《合集》22473 古代史所本69 北大本8.37 史語所本49 《歷博》43 《國博》10 《佚》223

釋文：

甲子[卜，令□]以品田[彎。五]

説明：此片可與《京人》3144、《合集》22299（《京人》389）、《合集》13179甲乙（《甲》257、《甲》212）綴合，又與《合集》34576（《京人》3091）遥綴[1]。

53 骨 無名組

著録：古代史所本63 《文捃》1780

釋文：

…用。

説明：此片國圖複本拓片右下角有朱筆注"倒"，意爲此拓需上下顛倒。從"用"字常見字形爲連接左右豎劃的長橫居下看，似應上下倒置爲宜。古代史所本置向與國圖本同。國圖複本拓片調正後圖附在下面。

---

1 參蔣玉斌：《甲骨舊綴之新加綴》，中國社會科學院古代史研究所先秦史研究室網站，2014年12月25日。

54 骨 無名組

著録：古代史所本 91　北大本 8.21　《佚》216

釋文：

…宜。

説明：此片"宜"字與一般寫法稍不同，同樣寫法又見《合集》30552、30582。

55 骨 歷組

著録：《合集》34450　古代史所本 54　北大本 7.1　史語所本 32　《歷博》72　《國博》122　《佚》243

釋文：

（1）乙未貞：又用十牛。一

（2）□□[貞]：辛亥…□尞大…牢。兹用

（3）一

説明：此片《國博》122、古代史所本 54 釋文釋"尞"上殘字爲"先"，漢達文庫釋"尸"，似都不能確定。《合集》32230 有類似辭例，"尞"上爲省"戈"旁之"伐"字。

56 骨 歷組

著録：《合集》33676　古代史所本 50　北大本 7.17　史語所本 111　《國博》124　《佚》212　《外》129　《南師》2.60

釋文：

（1）其牢。三

（2）三

（3）三

説明：此片《佚》古代史所本兆序"三"字未拓清。

57 骨 無名組

著録：《合集》28765 古代史所本 49 北大本 7.34 史語所本 9 《歷博》175 《國博》224 《佚》196

釋文：

□□卜：王其迟从東。吉

説明：此片國圖本拓片清晰，拓出上端斷裂處骨茬。

58 骨 無名組

著録：《合集》28165 古代史所本 56 北大本 7.33 《歷博》179 《國博》226 《佚》228

釋文：

…才[字]。

説明：此片"[字]"字國圖本、《國博》拓片較爲清晰，左側從"[字]"，與從"未""[字]"等形有別。《合集》28165 拓片所見左側部件上部斜劃不明顯。《新甲骨文編》[1] 把此字收入"柚"字頭下，似不妥。《甲骨文字編》[2] 1696 號此字獨立字頭，較爲穩妥。《國博》226 釋文此字摹作"[字]"，誤。

59 骨 無名組

著録：《合補》7059 古代史所本 94 史語所本 123 《歷博》158 《國博》128 《外》120 《文捃》1746 《续存》上 1843

釋文：

癸巳卜：祝…

60 骨 歷組

著録：古代史所本 89 北大本 7.19 史語所本 80 《歷博》48 《國博》92 《佚》231

---

1 劉釗主編：《新甲骨文編》（增訂本），福州：福建人民出版社，2014 年。
2 李宗焜：《甲骨文字編》，北京：中華書局，2012 年。

釋文：

…于來乙…又伐…

説明：此片國圖複本一拓出"于"字半個短橫，《歷博》拓片及《國博》照片此短橫亦較爲明顯。此片古代史所本舊著録有"叙圃50"，應爲史語所本之"叙圃"號，且"50"應爲"80"之誤。

61 骨 歷組

著録：《合集》32546（上部） 古代史所本84（上部） 胡厚宣藏本70《歷博》75《國博》33

釋文：

…其叙[于且乙]。

説明：此片國圖複本一拓片方向顛倒（調正圖見"釋文"部分第46號處），右下有鉛筆注"倒"字。國圖複本二把46號拓片拼合于此號處。

62 骨 無名組

著録：古代史所本33 《文捃》1736

釋文：

甲[辰]…

説明：此片國圖本更清晰，"辰"字殘劃清晰，古代史所本"辰"字未拓清。

63 骨 無名組

著録：《合補》9088 史語所本42 《歷博》168《國博》218《外》142《文捃》1749《续存》上1964

釋文：

…戊王其田…吉

64 骨 歷組

著録：古代史所本 82 胡厚宣藏本 75 《歷博》108 《文捃》1783

釋文：

（1）□丑貞……

（2）…□□…

説明：此片古代史所本舊著録"叙圃 75"爲《歷博》所録叙圃號，也即胡厚宣藏本號，非史語所本號。

65 骨 歷組

著録：《合補》10373 古代史所本 18 史語所本 121 《國博》133 《文捃》1778

釋文：

（1）[壬戌]卜：[羌]一用于父□。三

（2）三

（3）三

説明：此片可與本書第 8 號及他片綴合，見釋文部分第 8 號處綴合圖。

66 骨 師組

著録：《合集》20569 古代史所本 34 北大本 8.32 史語所本 77 《歷博》5 《國博》65 《佚》242

釋文：

（1）…戋…□才汉。

（2）…王今日…

説明：此片國圖本未拓清右側"今日"殘字，《國博》照片及拓片相對清晰。《國博》65 誤此片舊著録有《京人》3226，顯誤，《京人》3226 實爲《合集》20509 舊著録。

67 甲 師組

著録：《合集》19976《合補》6552（右下）古代史所本 37 北大本 8.33 史語所本 62《歷博》4《國博》5《佚》237

釋文：

邙婦母[己]。[一]

説明：此片可與《合集》2402、21172綴合，《合補》6552著録綴合片。

68 甲 師組

著録：《合補》6571 北大本 8.26 胡厚宣藏本 89《歷博》6《外》206《文捃》1787

釋文：

□□卜，夨…

69 甲 非王

著録：《合集》1213、27072、40502 古代史所本 93 史語所本 99《歷博》42《國博》2《外》138《续存》上 1788《南師》2.202

釋文：

□[丑]卜：托…上甲一牛。

説明：此片國圖複本一拓片帖反。蔣玉斌以此片與國圖本 127（《合集》21099）遥綴[1]。國圖複本二拓片圖附在下面。

---

[1] 蔣玉斌：《蔣玉斌甲骨綴合總表（300組）》，中國社會科學院古代史研究所先秦史研究室網站，2011年3月20日。

70 骨 無名組

著録：《合補》11475 古代史所本 102（更全） 胡厚宣藏本 90 《歷博》187 《文捃》1764

釋文：

（1）翌日辛[王其]逖…

（2）[于栐，亡戋。引吉]

説明：此片國圖本與《歷博》《合補》等所見皆殘上部，古代史所本不殘（見下左圖）。今考國圖本所缺上部爲北大本 7.22，斷裂處字劃可相接（下右圖爲本號與北大本 7.22 拼合）。古代史所本所見實物雖然尚未斷裂，但所拓很不清晰。因不清晰，古代史所本釋文誤"栐"爲"喪"，且漏釋"引吉"（北大本 7.22 容庚釋文釋出）。對比古代史所本和北大本 7.22，可見北大本"亡"字右側有殘缺，但"引吉"右側又比古代史所本完整，難以理解。此片與《合集》28923、28928 同文。《合補》據殘片誤此片爲第五期，漢達文庫誤以爲黃類，古代史所本已調整爲第三期。古代史所本所録舊著録"叙圃 90"爲《歷博》所著録叙圃號，也即胡厚宣藏本 90 號，非史語所本叙圃號。

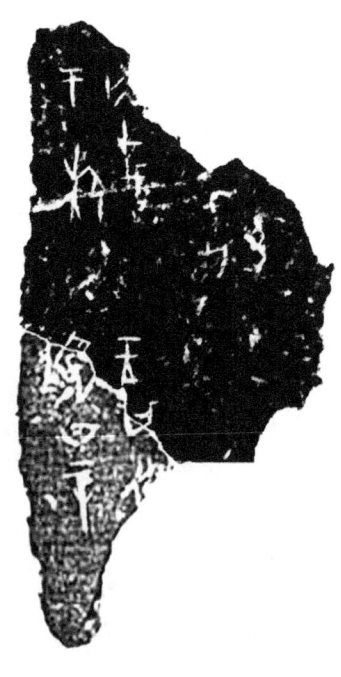

71 骨 無名組

著錄：胡厚宣藏本 83 《歷博》44

釋文：

…□辜…

說明："辜"上有字，似非"卜"字。

72 骨 無名組

著錄：（無）

釋文：

弜…

73 骨 無名組

著錄：《外》130

釋文：

吉

說明：國圖複本二把此片拓片拼合于第 80 號上部，但斷裂處不接合，可謂遙綴。不過就單一"吉"字，不足以作爲遙綴依據。

74 甲 師組

著錄：古代史所本 61 胡厚宣藏本 85 《歷博》40

釋文：

（1）乙□亡其米人。

（2）…□…

說明：此片古代史所本相對清晰，但右上殘字未拓出。國圖複本一"人"字似多一橫劃，似"千"，國圖複本二"人"字未拓清，但無短橫（見右圖）。《歷博》此片局部照片所見似確爲"人"字。"乙"下之字或

爲"巳"。古代史所本所録"叙圃85"爲《歷博》所録叙圃號，即胡厚宣藏本號，非史語所藏"叙圃"號。

75 骨 無名組

著録：（無）

釋文：

（1）王…

（2）…戋。

說明：此片國圖複本二拓片附此。

76 骨 無名組

著録：《外》124

釋文：

吉

說明：此片國圖複本二拓片附此。

77 骨 無名組

著録：（無）

釋文：

（1）…田，[其]…

（2）…每，竿。

説明：此片國圖拓本上下方向顛倒。拓片拓出骨皮剝落丢字嚴重情況。國圖複本一、複本二所拓文字各有優劣（下左圖爲調正後的複本一、右圖爲複本二）。

78 骨 無名組

著録：《合集》28102 《合補》2227 古代史所本 28 《歷博》159 《文捃》1747 《續存》上 2223

釋文：

…商☐…告王…不☐…

説明：此片國圖本、《歷博》、《合補》拓片清晰，《歷博》實物照片清晰。古代史所本"王"字未拓出另一斜劃，《合集》28102 以古代史所本爲底本，故《合集》28102 諸家釋文多誤"王"字爲"于"。古代史所本釋文仍誤爲"于"。《合補》2227 底本爲《文捃》1747，"王"字拓出斜劃，諸家釋文"王"字不誤。左下角之字,《歷博》實物照片及拓片所見似"用"字,但若是"用",字形比例與其他字不協調。

79 骨 無名組

著録:《合集》31954 古代史所本 68 北大本 8.25 史語所本 61 《歷博》185 《國博》228 《外》205 《文捃》1759 《续存》上 2208

釋文:

弜乎。

説明:此片《外》釋文多兆序"一",應誤。《合集材料來源表》藏地誤爲"史語所"。

80 骨 無名組

著録:《合集》28628 古代史所本 40 北大本 8.8 史語所本 4 《歷博》145 《國博》195 《佚》247 《通》别一 3.15

釋文:

（1）方寮叀庚酒,又大雨。 大吉

（2）叀辛酒,又大雨。 吉

（3）翌日辛王其省田,䌛入不雨。 兹用 吉

（4）夕入不雨。

（5）今日入,省田,湄日不雨。

説明:此片國圖本優于其他拓本,字形清晰,墨色均匀。《國博》拓本下部裂縫處所拓不清晰,古代史所本"吉""兹用"等未拓清。《佚》247 個别字劃不清晰。據《何遂遺踪:從辛亥走進新中國》所收史語所本該片,字不甚清晰,存在墨掩字口的情况。第（5）條"日"上顯爲"今"之殘,《歷博》《國博》實物照片所見較明顯,國圖複本二所拓也較爲明顯。國圖複本二以之與 73 號綴合,不可取。

81 骨 歷組

著録:《合集》33845 古代史所本 42 北大本 8.9 史語所本 3 《歷博》88 《國博》99《佚》230

釋文:

(1) 弜又(？)。

(2) 不雨。一

(3) 其雨。一

(4) 不雨。一

(5) 丙戌卜:丁雨。一

(6) 不雨。一

(7) 戊子卜:己雨。一

(8) 一

説明:此片國圖複本一總體最優,《歷博》拓本也較爲清晰,《歷博》《國博》實物照片很清晰。之前釋文多以"丙戌"後缺"卜"字,實際"戌"之下横劃右側即爲"卜"字,字形短小,且與"戌"短横稍接。漢達文庫釋文、古代史所本釋文皆已補正。

82 骨 無名組

著録:《合集》26915(上部) 古代史所本 38(上部) 北大本 8.14(上部)史語所本 11 《歷博》156(上部)《國博》202《佚》201(上部)《通》別一 3.14(上部)

釋文:

(1) [弜又羌。]

(2) [五万,王受又。吉]

(3) [十万,王受又。大吉]

(4) [十万又五,王受又。]

(5) 卯牢又一牛,王受又。

説明:此片與第 84 號爲一片之折,國圖複本二把此片拓片粘合于 84

號处（見下圖）。古代史所本、《歷博》156、《佚》201、《通》別一 3.14 等所見二者尚未分离，爲一號。古代史所本拓片上下結合處未對齊，下半部斷裂處亦未對齊，但上半部尚未斷裂。此片"万"字諸家釋文皆作"人"，但"人"上顯有短橫。《通》別一 3.14 釋文已注意到此非"人"字，但釋爲"豕"則誤。"万"此處或作人牲。

83 骨 歷組

著録：《合集》32228 《合補》10418（左側） 古代史所本 13 北大本 7.18 史語所本 27 《歷博》80 《國博》120 《佚》210 《通》別一 3.2

釋文：

（1）癸巳貞：其又㞢伐于伊，其即日。一

（2）癸巳…二

（3）己…卯…其[祭]…二

（4）一

説明：此片《合補》10418 收與《合集》32103（北圖 5479）之綴合片（蔡哲茂綴），但二者不密合，左右邊緣骨形也不協調（同像素比例拼合圖見下圖）。且據《國博》120 背面照片與北圖 5479 照片，接合處北圖 5479 有三個半鑽，《國博》120 僅有兩個半鑿，無法拼成拓片圖那樣下端高低一致。此綴合應不成立。此片與國圖本 12（《國博》91）蔡哲茂《讀〈中國國家博物館館藏文物研究叢書·甲骨卷〉》文附表皆作叙圖 27，其中一號應爲 28 之誤。

84 骨 無名組

著録：《合集》26915（下部） 古代史所本 38（下部） 北大本 8.14（下部）史語所本 12 《歷博》156（下部）《國博》184 《佚》201（下部）《通》別一 3.14（下部）

釋文：

（1）弜又羌。

（2）五万，王受又。吉

（3）十万，王受又。大吉

（4）十万又五，王受又。（"王"字缺刻橫劃）

（5）[卯牢又一牛，王受又。]

説明：此片與第 82 號爲一片之折。國圖複本二把此號拓片拼合于第 82 號處。

85 骨 歷組

著録：《合集》32775 古代史所本 2 北大本 7.4 史語所本 7《歷博》79《國博》117《佚》194《通》別一 3.7

釋文：

（1）甲午[卜]：將[兄]丁于[父]乙。一

（2）甲午卜：又⺈于子㱿十犬，卯牛一。一

（3）十犬又五犬，卯牛一。一

（4）甲午卜：又于子□…一

説明：第（4）"子"下之字，多以爲"㱿"，但殘存部分似"己"，不可能是"㱿"殘字。

86 骨 歷組

著録：《合集》33380 古代史所本 16 北大本 8.20 史語所本 6 《歷博》84《國博》156《佚》195

釋文：

（1）辛[亥]貞：又兇才泉，匄。一

（2）…弗（？）…翌…

説明：國圖本拓出斷裂處斷茬。兆序"一"《合集》33380未拓清，諸家釋文多漏，古代史所本釋文已補。左上殘字漢達文庫釋爲"弗"，或是。此字國圖本所拓斜劃較淺，但據《國博》實物照片，此斜劃較深。

87 骨 無名組

著録：《合集》28727 《合補》9249 古代史所本36 北大本8.30 史語所本74 《歷博》164 《國博》216 《佚》246 《文捃》1754 《续存》上1966 《南師》2.208

釋文：

…田，湄日亡戈。

説明：此片國圖本、《國博》、《歷博》、《续存》上1966、《文捃》1754（《合補》9249底本）清晰。古代史所本等很不清晰，尤其"日亡戈"三字未拓清。古代史所本釋文因未拓出"亡"字，誤分爲兩條卜辭。蔡哲茂《讀〈中國國家博物館館藏文物研究叢書·甲骨卷〉》文認爲此片"日亡戈"三字爲僞刻。據《國博》實物照片，"日亡戈"三字似非不易拓出，部分拓本未拓出或許與僞刻有關係。

88 骨 無名組

著録：《合補》9744 古代史所本59 胡厚宣藏本96 《歷博》188 《文捃》1756

釋文：

□丑卜：[翌]…大吉

説明：此片國圖本、《合補》（底本《文捃》1756）、《歷博》文字清晰，古代史所本稍差。古代史所本叙圃號96爲《歷博》叙圃號，即胡厚宣藏本號，非史語所本叙圃號。

89 骨 無名組

著録：《合集》33473 古代史所本 85 北大本 7.25 史語所本 41 《歷博》161《國博》214《外》122《续存》上 1955《南師》2.209

釋文：

戊午卜，貞：王其田，亡戋。一

説明：此片國圖本與《國博》《歷博》實物照片文字清晰。國圖本拓出上部斷茬，其他本皆未拓出。國圖本和《國博》等可見右側斷裂，古代史所本、《外》、《续存》上所見尚未斷裂。

90 甲 師賓間組

著録：《合集》14297 古代史所本 90 北大本 8.34 史語所本 50 《歷博》2《國博》22《佚》236 北大 3 號 8

釋文：

（1）[甲]申…帝方。

（2）一

説明：此片國圖本拓片總體最優，其他本"方"字斜劃多未拓全。"申"上殘字豎劃其他本也多未拓清。《歷博》實物照片此殘豎非常明顯，應爲"甲"字之殘。

91 骨 無名組

著録：《合集》29556 古代史所本 25 北大本 7.8 史語所本 39 《歷博》147《國博》187《佚》248

釋文：

（1）更大牢。

（2）癸酉卜：今日[癸]…

説明：此片古代史所本所見骨未斷，國圖本等其他諸本都已斷裂，且斷茬處有缺失。《佚》248 斷裂處未拼合好。"癸"字《國博》照片所見很明顯，國圖本、古代史所本也拓出殘劃。古代史所本已補出，其他諸家釋文皆未釋出。

92 甲 師組

著録：《合集》10118 古代史所本 92（缺上部） 北大本 8.13 史語所本 72 《歷博》16 《國博》47 《佚》240

釋文：

（1）…□桒年夒。三

（2）壬…一

説明：此片國圖複本一、北大本 8.13、《國博》及《歷博》照片文字都很清晰。古代史所本此片缺上部。國圖本與《佚》中部有斷痕，但上部未殘佚，《國博》所見現藏實物也不殘。種種迹象表明，古代史所本時間較早，但不知爲何此片反缺上部。"壬"字右側有長短橫，之前多未釋。根據《國博》47 背面照片所見鑽鑿，此是兆序無疑，古代史所本已補釋。北大本 8.13 容庚釋文亦釋出"一"，于"夒"字，僅摹形，作"🐾"。

93 骨 歷組

著録：《续存》上 1934

釋文：

…□[桒，叀今日丙酒]…

説明：此片諸字皆殘缺左半。國圖複本二個別字劃稍清晰，拓片附此。

94 甲 師組

著録：古代史所本 29 史語所本 64 胡厚宣藏本 95 《歷博》45 《國博》8 《外》204 《文揖》1784

釋文：

…午…[王]易日…

説明：此片國圖複本二、古代史所本、《外》204 皆有字端在下，《歷博》《國博》則有字端在上。國圖複本一原亦有字部分在下，并于拓片一側注明

"倒",不過已把拓片上下倒置,重新貼在拓本上。根據《國博》實物照片,該片應爲右尾甲(無字一端邊緣爲龜甲原邊),故應以字在上方向爲正。古代史所本以此片爲三期,似應從《國博》作師組。古代史所本未説明該片方向有誤,但從釋文看,似乎也是認爲應倒置方向。《外》204 因拓片不清,且方向倒置,誤釋爲"易日""不雨"。

95 甲 師組

著録:古代史所本 7 胡厚宣藏本 98 《歷博》8 《文捃》1790

釋文:

庚[戌][卜,★…齋戌]…

説明:此片國圖本、《歷博》與古代史所本比較,皆缺"庚"字左下小角。古代史所本未拓出盾紋。古代史所本此片所録"叙圃 98"爲《歷博》所著録叙圃號,即胡厚宣藏本號。此片吳麗婉以之與《合集》20372(《京人》3159)綴合[1],此附國圖複本一拼合圖。

---

1 吳麗婉:《甲骨拼合第 62 則》,中國社會科學院古代史研究院先秦史研究室網站,2019 年 7 月 17 日。

96 骨 無名組

著録：《合集》27525 古代史所本 19 北大本 7.7 史語所本 128 《歷博》144 《國博》182 《佚》251 《通》別一 3.6

釋文：

（1）匕庚舌牢又一牛，□受□。

（2）…[王]受□。

説明：此片國圖本拓出下部延伸斷茬。上部"受"字上殘存短橫應爲"王"之殘，諸家釋文多未釋，古代史所本釋文已補釋。

97 骨 無名組

著録：《合集》29313 古代史所本 32 北大本 7.24 《歷博》173 《國博》210 《佚》249

釋文：

（1）叀爯田，湄日亡戋。

（2）…□…

説明：此片左下字不清晰。《國博》實物照片相對清晰，可見"戋"字。與《國博》照片比較，字之"戈"旁各本都未拓全。此片《國博》誤舊著録爲《佚》247。

98 骨 無名組

著録：（無）

釋文：

其田[孰（？）]…

説明：此片各字左半皆殘，"田"下之字或爲"孰"。

99 骨 無名組

著録：《合集》29569 《合補》9694 古代史所本 72 北大本 8.18 史語所本 81 《歷博》153 《國博》189 《外》128 《文捃》1745 《续存》上

1890 《南師》2.201

釋文：

（1）辛亥…

（2）…叀（？）十牢……王受□。

説明：此片國圖本"十"上殘字未拓清，《歷博》《國博》實物照片較爲清晰。"十"上殘字漢達文庫釋文補"叀（？）"，似可從。《合集材料來源表》誤著録《合集》29569藏地爲"史語所"。

100 骨 無名組

著録：古代史所本67 《文捃》1775

釋文：

…敲…

101 骨 無名組

著録：《合集》28194 古代史所本26 北大本8.22 史語所本53 《歷博》186 《國博》227 《佚》226

釋文：

（1）弜…比…其[及]。

（2）…□北…□乎…□及。

説明：國圖複本一拓片優于其他本。

102 骨 無名組

著録：《合集》29271 古代史所本80 北大本7.27 史語所本75 《歷博》171 《國博》206 《佚》232

釋文：

王其田盂，毕。

103 骨 歷組

著録：《合集》33775 古代史所本 35 《歷博》95《外》121 《文捃》1723 《续存》上 1730

釋文：

其雨。一

説明：此片國圖本比古代史所本清晰，《歷博》更清晰。《合集材料來源表》誤藏地爲"史語所"。古代史所本未指出《合集》33775 著録，《歷博》不漏。

104 甲 師組

著録：《合集》21147 古代史所本 21 史語所本 66 胡厚宣藏本 111 《歷博》1 《國博》6（水平翻轉）《外》207 《文捃》1789

釋文：

壬…㞢…

説明：此片國圖本下部齒縫左側拓出殘存小塊，其餘諸本未拓出。國圖本、《外》《歷博》《國博》等本所存二字間有斷痕，古代史所本無。《合集材料來源表》、古代史所本皆未指出《外》207 著録此片。《國博》照片誤水平翻轉，拓片無誤。

105 骨 無名組

著録：史語所本 51 《國博》217

釋文：

…□日亡戈。

106 骨 無名組

著録：《合集》27021 古代史所本 65 北大本 8.12 史語所本 129 《歷博》177 《國博》203 《佚》219

釋文：

（1）十人又五□…

（2）…龍…田，又雨。

107 骨 歷組

著録：《合集》41582 《合補》10557 古代史所本 100 史語所本 79 《歷博》94 《國博》141 《文捃》1776 《续存》上 1940 《南師》2.206

釋文：

…囚，日又戠…

説明：此片國圖本總體較優，"囚"字較清晰。《合補》等釋文誤"日又"爲"丁丑"。《合集》41582 爲該片摹本，"日"上之字誤摹爲"丬"。《歷博》誤舊著録《南師》2.206 爲《屯南》二·二〇六。

108 甲 出組

著録：《合集》26701 史語所本 23 《歷博》113 《國博》172 《外》111 《续存》上 1673 《南師》1.75

釋文：

癸巳卜，㞢貞：旬亡囚。六月。

説明：此片《合集材料來源表》誤著録藏地爲"史語所"。

109 骨 無名組

著録：《國博》192

釋文：

（1）虘用豕十、戠十于□示。

（2）…血…叀…戠…

説明：此片國圖本較《國博》照片和拓片清晰（"叀"字稍差）。蔡哲茂《讀〈中國國家博物館館藏文物研究叢書·甲骨卷〉》文認爲"□示"是"五示"。但據國圖本，"于""示"之間似僅見"一"。"一示"辭例少見。《甲骨文合集釋文》[1] 27456 釋文有"一示",但後出釋文多删"一"字,即認爲二横一豎爲"示"字,但上横長于下横,且距離稍遠,與一般"示"字不同。

110 甲 何組

著録:《合集》31856《歷博》130《國博》231《外》125《续存》上 2031

釋文:

奴斨。

説明:此片《合集》31856(底本爲《续存》上 2031)表面左下似有穿孔(白色圓形不着墨),但《國博》實物照片未見,國圖本等其他拓本亦未見,原因不明。《合集材料來源表》誤著録藏地爲"史語所"。

111 甲 賓組

著録:《合補》468(圖顛倒)《外》126《文捃》1725《南師》2.145

釋文:

…多子… 二

説明:此片《合補》468 拓片誤上下倒置,漢達文庫釋文已指出。國圖本及其他本置向都不誤。《合補材料來源表》底本爲《文捃》1725,未著録《南師》2.145 和《外》126。

112 甲 賓組

著録:胡厚宣藏本 116《歷博》21

釋文:

(1)□□[卜],賓貞…□…

(2)一

---

[1] 胡厚宣主編:《甲骨文合集釋文》,北京:中國社會科學出版社,1999 年。

113 甲 賓組

著錄：胡厚宣藏本 117 《歷博》82 《外》127

釋文：

…圍…人…

說明：此片左側殘字爲朝向右的"人"字，下部殘，上似短橫者非字劃，《歷博》釋文已釋出，《外》127 未釋。

114 甲 出組

著錄：胡厚宣藏本 118 《歷博》114 《國博》177 《外》123

釋文：

（1）…雝己（？）…

（2）…貞：王…辛風（？）…

說明：此片國圖複本一拓片方向顛倒（調正圖見下附），拓片右下有鉛筆注"倒"，國圖複本二置向不誤。"風"字《外》123、《歷博》114、《國博》177 皆釋爲"辛酉"之"酉"，不確，"酉"字上部無如此者，且下部所殘也不像。

115 骨 無名組

著錄：《合集》31814 《歷博》157 《外》119 《南師》2.195

釋文：

…零…

說明：此片國圖本拓出字之最上部中間短豎，《外》119 所拓不明顯，但其摹本作""很準確。《南師》2.195 摹寫誤增"雨"旁之橫劃。此字之前多釋爲"益"。《殷墟甲骨文摹釋全編》釋爲"㽕"，與本片字形不合，當是手誤。《歷博》當是根據《南師》2.195 所摹，認爲此字從雨，并與從雨從兮之字認同。漢達文庫釋文亦隸定作"零"。此字上部以殘存筆劃看，似不易補爲"雨"旁，暫存疑。《歷博》圖版此片方向顛倒，但釋文所見似又方向正確。《歷博》誤舊著録《南師》2.195 爲《屯南》二·一九五。

116 甲 出組
著録：胡厚宣藏本 120《歷博》128
釋文：
己亥，王□…□…二

117 甲 賓組
著録：《合集》12930《歷博》27《外》203《续存》上 159《南師》2.41
釋文：
□日允不雨。
説明：此片國圖本、《歷博》文字清晰，《合集》等"不"字未拓清。《合集材料來源表》誤著録藏地爲"史語所"。

118 甲 賓組
著録：《歷博》30《续存》上 1020《南師》2.140
釋文：
…[帚]好娩…
説明：此片《歷博》未録舊著録《南師》2.14。

119 甲 賓組
著録：胡厚宣藏本 123《歷博》36
釋文：
…貞…

120 甲 賓組

著録：胡厚宣藏本 124 《歷博》35

釋文：

…令…罙…

121 甲 師組

著録：《合集》40406 《歷博》111 《國博》21 《续存》上 210 《南師》2.49

釋文：

□酉卜，于河…沈…

説明：此片《歷博》《國博》照片較爲清晰，國圖本"河"字"水"旁多拓出斜劃。《歷博》誤舊著録《南師》2.49 爲《南六》二·四九，又誤以爲《合集》24631 著録，未指出《合集》40406 和《續存》上 210 著録。《國博》皆未説明。

122 骨 賓組

著録：胡厚宣藏本 127 《歷博》39 《國博》75

釋文：

…⿳…

説明：此片唯一殘字與一般所見"⿳"不同，上開叉"卜"形構件一般爲手持物，此獨立在右側。

123 骨 何組

著録：《合補》9504 史語所本 58 胡厚宣藏本 125 《歷博》129 《國博》204 《外》202 《文捃》1739

釋文：

（1）貞：王芳…叀…

（2）…夕雨。

說明：此片《歷博》《國博》未指出《合補》《外》等舊著錄。

124 甲 賓組
著錄：（無）

釋文：

…□㞢來…

125 甲 賓組
著錄：《南師》2.45

釋文：

…㞢□…

說明："㞢"下殘字似從"今"。國圖複本二拓片稍清晰，附在下面。

126 甲 師組
著錄：《合補》6175 胡厚宣藏本 13 《歷博》46（顛倒）《國博》81（顛倒）《文捃》1786

釋文：

…□樞…十月。

說明：此片《歷博》《國博》上下方向誤，未指出《合補》著錄。

127 甲 師組
著錄：《合集》21099 古代史所本 30、31、57、58、60、62、64、70 北大本 8.36 史語所本 1+38 《國博》11 《佚》234 《通》別一 3.16

釋文：

（1）癸未卜：不雨。允不。一 二

（2）□午…令…人…不。

（3）乙未卜：乎人先⚁，今夕。三

（4）乙未卜：乎人先⚁尸[方]，易日。

（5）□丑卜：⚁□…黃，今夕易日。三

（6）辛丑卜：寮瀧，⚁三牢。三

（7）⚁…🀄尸…今夕…三

（8）辛丑卜：⚁🀄方尸。

（9）癸卯卜：丘令圍田⚁，⚁。三

（10）…□…□…□…

（11）三

説明：此片國圖複本一總體優于他本。不過上部中間有兆序"三"之小塊拼合置向錯誤，應逆時針旋轉90°，國圖複本二置向不誤（圖見下頁）。國圖複本二拓出此小片左側邊緣殘字（右側似"戌"之殘），國圖複本一未拓清。此殘字北大本所拓較爲清晰。古代史所本此片分爲多號，且不全。史語所本分爲二號：1、38，左尾甲部分獨爲一號。"⚁"字一般未拓清，誤以爲其上有"卜"字，故此獨立一條卜辭。相關字編所摹此字皆不準確，北大本容庚釋文摹作"⚁"，根據《國博》照片，摹寫非常準確。第（4）之"易"下有殘字，應爲"方"之殘，國圖本所拓清晰。第（7）之"🀄"下有殘字，應爲"尸"，《國博》照片很清晰。此片左尾甲部分諸家多有懷疑。郭沫若《卜辭通纂》于該片考釋眉批中指出"左下部是另一斷片，誤綴于此。"[1] 蔡哲茂《讀〈中國國家博物館館藏文物研究叢書·甲骨卷〉》注釋第31介紹了郭沫若説，并根據史語所本分爲1、38兩號，且字體不相合，進一步懷疑爲誤綴，但又認爲《國博》照片所見實物背面有泥，難以解釋。蔣玉斌認爲是誤綴[2]。細審《國博》圖版，此片左右尾甲高低不一，未完全對齊，且正面盾紋不相接。背面鑽鑿也不一致，左尾甲有4個鑽鑿，右尾甲僅有1個。左尾甲上端斷裂處非如右尾甲之齒縫，而是沿卜兆橫枝斷裂，

---

[1] 郭沫若：《卜辭通纂》，北京：科學出版社，1983年，第588頁。
[2] 蔣玉斌：《蔣玉斌甲骨綴合總表（300組）》。

釋文

103

也不可能在齒縫處施鑿。左尾甲字體、卜事與其他條卜辭也不同。綜合各種信息，此左尾甲應確非屬此版龜腹甲。

128 骨 無名組

著録：《合集》28640 古代史所本 39 北大本 7.23 史語所本 2 《歷博》180 《國博》213 《佚》213

釋文：

（1）壬王叀田省，亡𢦓。吉

（2）其獸，亡𢦓。大吉

129 骨 歷組

著録：《合集》34999 古代史所本 41 北大本 8.6 史語所本 5 《歷博》100 《國博》101 《佚》239

釋文：

（1）癸卯貞：[旬亡囚]。

（2）癸丑貞：旬亡囚。三

（3）癸亥貞：旬亡囚。三

（4）癸酉貞：旬亡囚。三

（5）癸巳[貞]…三

（6）三

說明：此片《歷博》右上角似有"貞"殘字，其他諸本皆未拓出。

檢索表

表一 《繪園舊藏甲骨文字》著錄對照表

國圖本號	《合集》、《合補》號	古代史所本號	北大本號	史語所本號	胡厚宣藏本號	《歷博》號	《國博》號	其他著錄
1	33727	52	8.27	15		107	158	《佚》209
2	35120	55	8.2	115		56	102	《外》136、《續存》上2201、《南師》2.130
3	37803	3	7.26	20		189	215	《佚》197
4	29384	79	7.29	109		174	225	《佚》244
5	29435	73	7.15	107		152	127	《佚》207
6	《合補》10871	51			36	109		《外》131、《文捃》1781
7	34854	98	8.5	116		96	150	《外》133、《續存》上2046、《南師》2.219
8	34124	14	7.6	33		74	136	《佚》211、《通》別一3.3
9	28324	10	7.35	25		165	222	《佚》224
10	32418（下部）	4（下部）	7.5（下部）	110		60（下部）	16	《佚》233（下部）、《通》別一3.1（下部）
11	32148	11	7.3	26		67	119	《佚》199
12	32724	23	7.2	27		47	91	《佚》214、《通》別一3.5
13	31078	15	8.16	31		155	193	《佚》253
14	32138	43	7.14	10		73	123	《佚》229、《通》別一3.10
15	31672	48	7.31	17		151	199	《佚》220、《通》別一3.12
16	30325	1	8.15	18		137	198	《佚》217、《通》別一3.4
17	35085（下部）	9	8.4	30		97	151	《佚》206
18	35099	12	8.3	24		101	152	《外》134、《續存》上2153、《南師》2.223

(續表)

國图本號	《合集》、《合補》號	古代史所本號	北大本號	史語所本號	胡厚宣藏本號	《歷博》號	《國博》號	其他著錄
19	34150/《合補》10605乙	17	8.7	29		51	98	《佚》227、《通》別一3.13
20	33207	22	7.32	8		134	155	《佚》200
21	32418（上部）	4（上部）	7.5（上部）	19		60（上部）	109	《佚》233（上部）、《通》別一3.1（上部）
22	29643	5	7.10	21		148	190	《佚》208
23	30725	45	7.11	13			196	《佚》241
24	27631	47	7.13	16		143	194	《佚》203、《通》別一3.8
25	32172	44	7.12	22		150	185	《佚》218、《通》別一3.11
26	26936	46	7.9	14		149	186	《佚》225、《通》別一3.9
27	35054/《合補》10764（上部）	101	8.1	35		57	103	《外》143、《續存》上2155、《南師》2.222
28	34558	83	8.35	45		133	131	《佚》222
29	30278	97	8.19	126		183	229	《佚》204
30	29486	99	8.24	45		178	200	《佚》221
31	34540	88		40		68	126	《外》118、《南師》2.200（不全）
32	29050	81	7.21	114		170	211	《佚》254
33		24						《文捃》1729
34	32180	86	8.29	36		54	142	《佚》198
35	33951	8	8.10	34		91	129	《佚》215
36	33096	95	8.28	47		93	104	《佚》252
37		66				163		《續存》上1963
38	33699	96		127			140	《續存》上1941、《南師》2.198
39	《合補》1543	6		106			17	《外》110、《文捃》1788

（續表）

國圖本號	《合集》、《合補》號	古代史所本號	北大本號	史語所本號	胡厚宣藏本號	《歷博》號	《國博》號	其他著錄
40	35158/41686					106		《續存》上 2024、《南師》2.213
41	30905		8.23	120		146	183	《佚》235
42								
43	40798						233	《續存》上 2249、《南師》2.77
44				112	41	76	159	
45	29443	78	8.17	37		154	191	《佚》202
46	32546（下部）	84（下部）						《文捃》1773（下部）
47		77	7.30	85		167	146	《佚》238
48	29218	71	7.28	124		169	208	《佚》245
49	29831	75	8.11			190		《外》132、《文捃》1740、《續存》上 1731、《南師》2.194
50	《合補》10162	87		44	64	176	212	《文捃》1748
51		20						《文捃》1743、《續存》上 1920
52	22473	69	8.37	49		43	10	《佚》223
53		63						《文捃》1780
54		91	8.21					《佚》216
55	34450	54	7.1	32		72	122	《佚》243
56	33676	50	7.17	111			124	《佚》212、《外》129、《南師》2.60
57	28765	49	7.34	9		175	224	《佚》196
58	28165	56	7.33			179	226	《佚》228
59	《合補》7059	94		123		158	128	《外》120、《文捃》1746、《續存》上 1843
60		89	7.19	80		48	92	《佚》231
61	32546（上部）	84（上部）			70	75	33	

(續表)

國圖本號	《合集》、《合補》號	古代史所本號	北大本號	史語所本號	胡厚宣藏本號	《歷博》號	《國博》號	其他著錄
62		33						《文捃》1736
63	《合補》9088			42		168	218	《外》142、《文捃》1749、《續存》上1964
64		82			75	108		《文捃》1783
65	《合補》10373	18		121			133	《文捃》1778
66	20569	34	8.32	77		5	65	《佚》242
67	19976/《合補》6552（右下）	37	8.33	62		4	5	《佚》237
68	《合補》6571		8.26		89	6		《外》206、《文捃》1787
69	1213/27072/40502	93		99		42	2	《外》138、《續存》上1788、《南師》2.202
70	《合補》11475	102			90	187		《文捃》1764
71					83	44		
72								
73								《外》130
74		61			85	40		
75								
76								《外》124
77								
78	28102/《合補》2227	28				159		《文捃》1747、《續存》上2223
79	31954	68	8.25	61		185	228	《外》205、《文捃》1759、《續存》上2208
80	28628	40	8.8	4		145	195	《佚》247、《通》別一3.15

（續表）

國圖本號	《合集》、《合補》號	古代史所本號	北大本號	史語所本號	胡厚宣藏本號	《歷博》號	《國博》號	其他著錄
81	33845	42	8.9	3		88	99	《佚》230
82	26915（上部）	38（上部）	8.14（上部）	11		156（上部）	202	《佚》201（上部）、《通》別一3.14(上部)
83	32228/《合補》10418（左側）	13	7.18	27		80	120	《佚》210、《通》別一3.2
84	26915（下部）	38（下部）	8.14（下部）	12		156（下部）	184	《佚》201（下部）、《通》別一3.14(下部)
85	32775	2	7.4	7		79	117	《佚》194、《通》別一3.7
86	33380	16	8.20	6		84	156	《佚》195
87	28727/《合補》9249	36	8.30	74		164	216	《佚》246、《文捃》1754、《續存》上1966、《南師》2.208
88	《合補》9744	59			96	188		《文捃》1756
89	33473	85	7.25	41		161	214	《外》122、《續存》上1955、《南師》2.209
90	14297	90	8.34	50		2	22	《佚》236、北大3號8
91	29556	25	7.8	39		147	187	《佚》248
92	10118	92	8.13	72		16	47	《佚》240
93								《續存》上1934
94		29		64	95	45	8	《外》204、《文捃》1784
95		7			98	8		《文捃》1790
96	27525	19	7.7	128		144	182	《佚》251、《通》別一3.6
97	29313	32	7.24			173	210	《佚》249

(續表)

國圖本號	《合集》、《合補》號	古代史所本號	北大本號	史語所本號	胡厚宣藏本號	《歷博》號	《國博》號	其他著錄
98								
99	29569/《合補》9694	72	8.18	81		153	189	《外》128、《文捃》1745、《續存》上1890、《南師》2.201
100		67						《文捃》1775
101	28194	26	8.22	53		186	227	《佚》226
102	29271	80	7.27	75		171	206	《佚》232
103	33775	35				95		《外》121、《文捃》1723、《續存》上1730
104	21147	21		66	111	1	6（照片誤水平翻轉）	《外》207、《文捃》1789
105				51			217	
106	27021	65	8.12	129		177	203	《佚》219
107	41582/《合補》10557	100		79		94	141	《文捃》1776、《續存》上1940、《南師》2.206
108	26701			23		113	172	《外》111、《續存》上1673、《南師》1.75
109							192	
110	31856					130	231	《外》125、《續存》上2031
111	《合補》468							《外》126、《文捃》1725、《南師》2.145
112					116	21		
113					117	82		《外》127
114					118	114	177	《外》123
115	31814					157		《外》119、《南師》2.195
116					120	128		

(續表)

國圖本號	《合集》、《合補》號	古代史所本號	北大本號	史語所本號	胡厚宣藏本號	《歷博》號	《國博》號	其他著錄
117	12930					27		《外》203、《續存》上159、《南師》2.41
118						30		《續存》上1020、《南師》2.140
119					123	36		
120					124	35		
121	40406					111	21	《續存》上210、《南師》2.49
122					127	39	75	
123	《合補》9504			58	125	129	204	《外》202、《文捃》1739
124								
125								《南師》2.45
126	《合補》6175				13	46	81（顛倒）	《文捃》1786
127	21099	30/31/57/58/60/62/64/70	8.36	1+38			11	《佚》234、《通》別一3.16
128	28640	39	7.23	2		180	213	《佚》213
129	34999	41	8.6	5		100	101	《佚》239

表二　古代史所本與國圖本對照表

古代史所本號	國圖本號	古代史所本號	國圖本號
1	16	33	62
2	85	34	66
3	3	35	103
4	10+21	36	87
5	22	37	67
6	39	38	82+84
7	95	39	128
8	35	40	80
9	17	41	129
10	9	42	81
11	11	43	14
12	18	44	25
13	83	45	23
14	8	46	26
15	13	47	24
16	86	48	15
17	19	49	57
18	65	50	56
19	96	51	6
20	51	52	1
21	104	53	（無）
22	20	54	55
23	12	55	2
24	33	56	58
25	91	57	127
26	101	58	127
27	（無）	59	88
28	78	60	127
29	94	61	74
30	127	62	127
31	127	63	53
32	97	64	127

（續表）

古代史所本號	國圖本號	古代史所本號	國圖本號
65	106	95	36
66	37	96	38
89	60	97	29
90	90	98	7
91	54	99	30
92	92	100	107
93	69	101	27
94	59	102	70

表三 《國博》《歷博》及與國圖本對照表

序號	《國博》號	《歷博》號	國圖本號
1	2	42	69
2	5	4	67
3	6（水平翻轉）	1	104
4	8	45	94
5	10	43	52
6	11	（無）	127
7	16	60（下部）	10
8	17	（無）	39
9	21	111	121
10	22	2	90
11	33	75	61
12	47	16	92
13	65	5	66
14	75	39	122
15	81（顛倒）	46	126
16	91	47	12
17	92	48	60
18	98	51	19
19	99	88	81
20	101	100	129
21	102	56	2
22	103	57	27
23	104	93	36
24	109	60（上部）	21
25	117	79	85
26	119	67	11
27	120	80	83
28	122	72	55
29	123	73	14
30	124	（無）	56
31	126	68	31
32	127	152	5

（續表）

33	128	158	59
34	129	91	35
35	131	133	28
36	133	（無）	65
37	136	74	8
38	140	（無）	38
39	141	94	107
40	142	54	34
41	146	167	47
42	150	96	7
43	151	97	17
44	152	101	18
45	155	134	20
46	156	84	86
47	158	107	1
48	159	76	44
49	172	113	108
50	177	114	114
51	182	144	96
52	183	146	41
53	184	156（下部）	84
54	185	150	25
55	186	149	26
56	187	147	91
57	189	153	99
58	190	148	22
59	191	154	45
60	192	（無）	109
61	193	155	13
62	194	143	24
63	195	145	80
64	196	（無）	23
65	198	137	16
66	199	151	15

(續表)

序號	《國博》號	《歷博》號	國圖本號
67	200	178	30
68	202	156（上部）	82
69	203	177	106
70	204	129	123
71	206	171	102
72	208	169	48
73	210	173	97
74	211	170	32
75	212	176	50
76	213	180	128
77	214	161	89
78	215	189	3
79	216	164	87
80	217	（無）	105
81	218	168	63
82	222	165	9
83	224	175	57
84	225	174	4
85	226	179	58
86	227	186	101
87	228	185	79
88	229	183	29
89	231	130	110
90	233	（無）	43
序號	《歷博》號	《國博》號	國圖本號
1	1	6（水平翻轉）	104
2	2	22	90
3	4	5	67
4	5	65	66
5	6	（無）	68
6	8	（無）	95
7	16	47	92
8	21	（無）	112

（續表）

序號	《歷博》號	《國博》號	國圖本號
9	27	（無）	117
10	30	（無）	118
11	35	（無）	120
12	36	（無）	119
13	39	75	122
14	40	（無）	74
15	42	2	69
16	43	10	52
17	44	（無）	71
18	45	8	94
19	46	81（顛倒）	126
20	47	91	12
21	48	92	60
22	51	98	19
23	54	142	34
24	56	102	2
25	57	103	27
26	60	16+109	10+21
27	67	119	11
28	68	126	31
29	72	122	55
30	73	123	14
31	74	136	8
32	75	33	61
33	76	159	44
34	79	117	85
35	80	120	83
36	82	（無）	113
37	84	156	86
38	88	99	81
39	91	129	35
40	93	104	36
41	94	141	107

（續表）

序號	《歷博》號	《國博》號	國圖本號
42	95	（無）	103
43	96	150	7
44	97	151	17
45	100	101	129
46	101	152	18
47	106	（無）	40
48	107	158	1
49	108	（無）	64
50	109	（無）	6
51	111	21	121
52	113	172	108
53	114	177	114
54	128	（無）	116
55	129	204	123
56	130	231	110
57	133	131	28
58	134	155	20
59	137	198	16
60	143	194	24
61	144	182	96
62	145	195	80
63	146	183	41
64	147	187	91
65	148	190	22
66	149	186	26
67	150	185	25
68	151	199	15
69	152	127	5
70	153	189	99
71	154	191	45
72	155	193	13
73	156	184+202	82+84
74	157	（無）	115

(續表)

序號	《歷博》號	《國博》號	國圖本號
75	158	128	59
76	159	（無）	78
77	161	214	89
78	163	（無）	37
79	164	216	87
80	165	222	9
81	167	146	47
82	168	218	63
83	169	208	48
84	170	211	32
85	171	206	102
86	173	210	97
87	174	225	4
88	175	224	57
89	176	212	50
90	177	203	106
91	178	200	30
92	179	226	58
93	180	213	128
94	183	229	29
95	185	228	79
96	186	227	101
97	187	（無）	70
98	188	（無）	88
99	189	215	3
100	190	（無）	49

表四　北大本與國圖本等對照表 *

序號	北大本號	《合集》《合補》號	國圖本號	古代史所本號	史語所本號	胡厚宣藏本號	《歷博》號	《國博》號	其他著錄
1	7.1	34450	55	54	32		72	122	《佚》243
2	7.2	32724	12	23	27		47	91	《佚》214、《通別》一3.5
3	7.3	32148	11	11	26		67	119	《佚》199
4	7.4	32775	85	2	7		79	117	《佚》194、《通別》一3.7
5	7.5	32418	10+21	4	110		60	16	《佚》233、《通別》一3.1
6	7.6	34124	8	14	33		74	136	《佚》211、《通別》一3.3
7	7.7	27525	96	19	128		144	182	《佚》251、《通別》一3.6
8	7.8	29556	91	25	39		147	187	《佚》248
9	7.9	26936	26	46	14		149	186	《佚》225、《通別》一3.9
10	7.10	29643	22	5	21		148	190	《佚》208
11	7.11	30725	23	45	13			196	《佚》241
12	7.12	32172	25	44	22		150	185	《佚》218、《通別》一3.11
13	7.13	27631	24	47	16		143	194	《佚》203、《通別》一3.8
14	7.14	32138	14	43	10		73	123	《佚》229、《通別》一3.10
15	7.15	29435	5	73	107		152	127	《佚》207

* 因北大本尚未出版，爲便于瞭解其情況和其他各本關係，本表完整錄入各著錄信息。

(續表)

序號	北大本號	《合集》《合補》號	國圖本號	古代史所本號	史語所本號	胡厚宣藏本號	《歷博》號	《國博》號	其他著錄
16	7.16								
17	7.17	33676	56	50	111			124	《佚》212、《外》129、《南師》2.60
18	7.18	32228、《合補》10418（左側）	83	13	27		80	120	《佚》210、《通別》一3.2
19	7.19		60	89	80		48	92	《佚》231
20	7.20			53					《佚》205
21	7.21	29050	32	81	114		170	211	《佚》254
22	7.22								
23	7.23	28640	128	39	2		180	213	《佚》213
24	7.24	29313	97	32			173	210	《佚》249
25	7.25	33473	89	85	41		161	214	《外》122、《續存》上1955、《南師》2.209
26	7.26	37803	3	3	20		189	215	《佚》197
27	7.27	29271	102	80	75		171	206	《佚》232
28	7.28	29218	48	71	124		169	208	《佚》245
29	7.29	29384	4	79	109		174	225	《佚》244
30	7.30		47	77	85		167	146	《佚》238
31	7.31	31672	15	48	17		151	199	《佚》220、《通別》一3.12
32	7.32	33207	20	22	8		134	155	《佚》200
33	7.33	28165	58	56			179	226	《佚》228
34	7.34	28765	57	49	9		175	224	《佚》196
35	7.35	28324	9	10	25		165	222	《佚》224
36	8.1	35054、《合補》10764（上部）	27	101	35		57	103	《外》143、《續存》上2155、《南師》2.222

（續表）

序號	北大本號	《合集》《合補》號	國圖本號	古代史所本號	史語所本號	胡厚宣藏本號	《歷博》號	《國博》號	其他著錄
37	8.2	35120	2	55	115		56	102	《外》136、《續存》上2201、《南師》2.130
38	8.3	35099	18	12	24		101	152	《外》134、《續存》上2153、《南師》2.223
39	8.4	35085（下部）	17	9	30		97	151	《佚》206
40	8.5	34854	7	98	116		96	150	《外》133、《續存》上2046、《南師》2.219
41	8.6	34999	129	41	5		100	101	《佚》239
42	8.7	34150、《合補》10605乙	19	17	29		51	98	《佚》227、《通別》一3.13
43	8.8	28628	80	40	4		145	195	《佚》247、《通別》一3.15
44	8.9	33845	81	42	3		88	99	《佚》230
45	8.10	33951	35	8	34		91	129	《佚》215
46	8.11	29831	49	75			190		《外》132、《文拐》1740、《續存》上1731、《南師》2.194
47	8.12	27021	106	65	129		177	203	《佚》219
48	8.13	10118	92	92	72		16	47	《佚》240
49	8.14	26915	82+84	38	11		156	202	《佚》201、《通別》一3.14
50	8.15	30325	16	1	18		137	198	《佚》217、《通別》一3.4
51	8.16	31078	13	15	31		155	193	《佚》253

(續表)

序號	北大本號	《合集》《合補》號	國圖本號	古代史所本號	史語所本號	胡厚宣藏本號	《歷博》號	《國博》號	其他著錄
52	8.17	29443	45	78	37		154	191	《佚》202
53	8.18	29569、《合補》9694	99	72	81		153	189	《外》128、《文捃》1745、《續存》上1890、《南師》2.201
54	8.19	30278	29	97	126		183	229	《佚》204
55	8.20	33380	86	16	6		84	156	《佚》195
56	8.21		54	91					《佚》216
57	8.22	28194	101	26	53		186	227	《佚》226
58	8.23	30905			120		146	183	《佚》235
59	8.24	29486	30	99	45		178	200	《佚》221
60	8.25	31954	79	68	61		185	228	《外》205、《文捃》1759、《續存》上2208
61	8.26	《合補》6571	68			89	6		《外》206、《文捃》1787
62	8.27	33727	1	52	15		107	158	《佚》209
63	8.28	33096	36	95	47		93	104	《佚》252
64	8.29	32180	34	86	36		54	142	《佚》198
65	8.30	28727、《合補》9249	87	36	74		164	216	《佚》246、《文捃》1754、《續存》上1966、《南師》2.208
66	8.31			74					《佚》205
67	8.32	20569	66	34	77		5	65	《佚》242
68	8.33	19976、《合補》6552（右下）	67	37	62		4	5	《佚》237
69	8.34	14297	90	90	50		2	22	《佚》236、北大3號8

（續表）

序號	北大本號	《合集》《合補》號	國圖本號	古代史所本號	史語所本號	胡厚宣藏本號	《歷博》號	《國博》號	其他著錄
70	8.35	34558	28	83	45		133	131	《佚》222
71	8.36	21099	127	30/31/57/58/60/62/64/70	1+38			11	《佚》234、《通別》一3.16
72	8.37	22473	52	69	49		43	10	《佚》223

表五 《合集》《合補》與國圖本對照表

《合集》《合補》號	國圖本號	《合集》《合補》號	國圖本號
《合集》1213	69	《合集》29486	30
《合集》10118	92	《合集》29556	91
《合集》12930	117	《合集》29569	99
《合集》14297	90	《合集》29643	22
《合集》19976	67	《合集》29831	49
《合集》20569	66	《合集》30278	29
《合集》21099	127	《合集》30325	16
《合集》21147	104	《合集》30725	23
《合集》22473	52	《合集》30905	41
《合集》26701	108	《合集》31078	13
《合集》26915（上部）	82	《合集》31672	15
《合集》26915（下部）	84	《合集》31814	115
《合集》26936	26	《合集》31856	110
《合集》27021	106	《合集》31954	79
《合集》27072	69	《合集》32138	14
《合集》27525	96	《合集》32148	11
《合集》27631	24	《合集》32172	25
《合集》28102	78	《合集》32180	34
《合集》28165	58	《合集》32228	83
《合集》28194	101	《合集》32418（下部）	10
《合集》28324	9	《合集》32418（上部）	21
《合集》28628	80	《合集》32546（下部）	46
《合集》28640	128	《合集》32546（上部）	61
《合集》28727	87	《合集》32724	12
《合集》28765	57	《合集》32775	85
《合集》29050	32	《合集》33096	36
《合集》29218	48	《合集》33207	20
《合集》29271	102	《合集》33380	86
《合集》29313	97	《合集》33473	89
《合集》29384	4	《合集》33676	56
《合集》29435	5	《合集》33699	38
《合集》29443	45	《合集》33727	1

（續表）

《合集》《合補》號	國圖本號	《合集》《合補》號	國圖本號
《合集》33775	103	《合補》468	111
《合集》33845	81	《合補》1543	39
《合集》33951	35	《合補》2227	78
《合集》34124	8	《合補》6175	126
《合集》34150	19	《合補》6552（右下）	67
《合集》34450	55	《合補》6571	68
《合集》34540	31	《合補》7059	59
《合集》34558	28	《合補》9088	63
《合集》34854	7	《合補》9249	87
《合集》34999	129	《合補》9504	123
《合集》35054	27	《合補》9694	99
《合集》35085（下部）	17	《合補》9744	88
《合集》35099	18	《合補》10162	50
《合集》35120	2	《合補》10373	65
《合集》35158	40	《合補》10418（左側）	83
《合集》37803	3	《合補》10557	107
《合集》40406	121	《合補》10605乙	19
《合集》40502	69	《合補》10764（上部）	27
《合集》40798	43	《合補》10871	6
《合集》41582	107	《合補》11475	70
《合集》41686	40		

表六　其他著錄書與國圖本對照表

其他著錄號	國圖本號	其他著錄號	國圖本號
《佚》194	85	《佚》226	101
《佚》195	86	《佚》227	19
《佚》196	57	《佚》228	58
《佚》197	3	《佚》229	14
《佚》198	34	《佚》230	81
《佚》199	11	《佚》231	60
《佚》200	20	《佚》232	102
《佚》201（上部）	82	《佚》233（上部）	21
《佚》201（下部）	84	《佚》233（下部）	10
《佚》202	45	《佚》234	127
《佚》203	24	《佚》235	41
《佚》204	29	《佚》236	90
《佚》206	17	《佚》237	67
《佚》207	5	《佚》238	47
《佚》208	22	《佚》239	129
《佚》209	1	《佚》240	92
《佚》210	83	《佚》241	23
《佚》211	8	《佚》242	66
《佚》212	56	《佚》243	55
《佚》213	128	《佚》244	4
《佚》214	12	《佚》245	48
《佚》215	35	《佚》246	87
《佚》216	54	《佚》247	80
《佚》217	16	《佚》248	91
《佚》218	25	《佚》249	97
《佚》219	106	《佚》251	96
《佚》220	15	《佚》252	36
《佚》221	30	《佚》253	13
《佚》222	28	《佚》254	32
《佚》223	52	《外》110	39
《佚》224	9	《外》111	108
《佚》225	26	《外》118	31

（續表）

其他著錄號	國圖本號	其他著錄號	國圖本號
《外》119	115	《文捃》1745	99
《外》120	59	《文捃》1746	59
《外》121	103	《文捃》1747	78
《外》122	89	《文捃》1748	50
《外》123	114	《文捃》1749	63
《外》124	76	《文捃》1754	87
《外》125	110	《文捃》1756	88
《外》126	111	《文捃》1759	79
《外》127	113	《文捃》1764	70
《外》128	99	《文捃》1773（下部）	46
《外》129	56	《文捃》1775	100
《外》130	73	《文捃》1776	107
《外》131	6	《文捃》1778	65
《外》132	49	《文捃》1780	53
《外》133	7	《文捃》1781	6
《外》134	18	《文捃》1783	64
《外》136	2	《文捃》1784	94
《外》138	69	《文捃》1786	126
《外》142	63	《文捃》1787	68
《外》143	27	《文捃》1788	39
《外》202	123	《文捃》1789	104
《外》203	117	《文捃》1790	95
《外》204	94	《續存》上210	121
《外》205	79	《續存》上159	117
《外》206	68	《續存》上1020	118
《外》207	104	《續存》上1673	108
《文捃》1723	103	《續存》上1730	103
《文捃》1725	111	《續存》上1731	49
《文捃》1729	33	《續存》上1788	69
《文捃》1736	62	《續存》上1843	59
《文捃》1739	123	《續存》上1890	99
《文捃》1740	49	《續存》上1920	51
《文捃》1743	51	《續存》上1934	93

(續表)

其他著錄號	國圖本號	其他著錄號	國圖本號
《續存》上 1940	107	《南師》2.213	40
《續存》上 1941	38	《南師》2.219	7
《續存》上 1955	89	《南師》2.222	27
《續存》上 1963	37	《南師》2.223	18
《續存》上 1964	63	《南師》2.41	117
《續存》上 1966	87	《南師》2.45	125
《續存》上 2024	40	《南師》2.49	121
《續存》上 2031	110	《南師》2.60	56
《續存》上 2046	7	《南師》2.77	43
《續存》上 2153	18	《通別》一 3.1（上部）	21
《續存》上 2155	27	《通別》一 3.1（下部）	10
《續存》上 2201	2	《通別》一 3.10	14
《續存》上 2208	79	《通別》一 3.11	25
《續存》上 2223	78	《通別》一 3.12	15
《續存》上 2249	43	《通別》一 3.13	19
《南師》1.75	108	《通別》一 3.14（上部）	82
《南師》2.130	2	《通別》一 3.14（下部）	84
《南師》2.140	118	《通別》一 3.15	80
《南師》2.145	111	《通別》一 3.16	127
《南師》2.194	49	《通別》一 3.2	83
《南師》2.195	115	《通別》一 3.3	8
《南師》2.198	38	《通別》一 3.4	16
《南師》2.200（不全）	31	《通別》一 3.5	12
《南師》2.201	99	《通別》一 3.6	96
《南師》2.202	69	《通別》一 3.7	85
《南師》2.206	107	《通別》一 3.8	24
《南師》2.208	87	《通別》一 3.9	26
《南師》2.209	89		

表七　繪園甲骨綴合情況表

國圖本號	類組	《合集》/《合補》號	綴合組	綴合者
7	無名	34854	《合集》34854（古代史所本 98/ 北大本 8.5/ 史語所本 116/《歷博》96/《國博》150/《外》133/《续存》上 2046/《南師》2.219）+《合集》34923（《續存》上 2199/ 善 9995/ 北圖 15397）	林宏明
8/65	歷	34124/《合補》10373	《合集》34124（古代史所本 14/ 北大本 7.6/ 史語所本 33《歷博》74/《國博》136/《佚》211/《通》別一 3.3）+《合補》10373（國圖本 65/《文揅》1778）+《合集》32215（《續存》上 1824/ 善 91/ 北圖 5494）+《合集》32860（善 6849/ 北圖 12250）+《合集》33218（善 15243/ 北圖 20643）	林宏明 蔡哲茂
10/21	歷	32418	《合集》32418（古代史所本 4/ 北大本 7.5/ 史語所本 110 + 19/《歷博》60/《國博》16 + 109/《佚》233/《通》別一 3.1）+《合集》34444（《安明》2411）	周忠兵
12	歷	32724	《合集》32724（古代史所本 23/ 北大本 7.2/ 史語所本 27《歷博》47《國博》91/《佚》214/《通》別一 3.5）+《合集》33049（《續存》下 803/ 歷拓 10654）	周忠兵
19	歷	34150、《合補》10605 乙	《合集》34150（古代史所本 17/ 北大本 8.7/ 史語所本 29《歷博》51/《國博》98/《佚》227/《通》別一 3.13）+《合集》18915（善 6200/ 北圖 11601）	蔡哲茂
27	歷	35054、《合補》10764（上部）	《合集》35054（古代史所本 101/ 北大本 8.1/ 史語所本 35/《歷博》57/《國博》103/《外》143/《续存》上 2155/《南師》2.222）+《合集》34928（《續存》上 2169/ 善 10120/ 北圖 15522）	許進雄
52	非王	22473	《合集》22473（古代史所本 69/ 北大本 8.37/ 史語所本 49/《歷博》43/《國博》10/《佚》223）+《合集》22299（《京人》389）+《京人》3144+《合集》13179 乙（《甲》212）+《合集》13179 甲（《甲》257）+…+《合集》34576（《京人》3091）	嚴一萍 李愛輝 蔣玉斌

（續表）

國圖本號	類組	《合集》/《合補》號	綴合組	綴合者
67	師	19976、《合補》6552（右下）	《合集》**19976**（古代史所本 37/ 北大本 8.33/ 史語所本 62/《歷博》4/《國博》5/《佚》237）+《合集》**2402**（《掇二》16/《續存》下 534）+《合集》**21172**（《京人》3146）	裘錫圭 黃天樹
70	無名	《合補》11475	《合補》**11475**（古代史所本 102 更全 / 胡厚宣藏本 90/《歷博》187/《文捃》1764）+ **北大本 7.16**	參古代史所本 102
95	師		**國圖本 95/ 古代史所本 7/《歷博》8**+《合集》**20372**（《京人》3159）	吳麗婉

表八　引用甲骨著録書簡稱對照表

簡稱	著録書
《合集》	《甲骨文合集》，郭沫若主編，胡厚宣總編輯，北京：中華書局，1978—1982年
《合補》	《甲骨文合集補編》，彭邦炯、謝濟、馬季凡，北京：語文出版社，1999年
《合集材料來源表》	《甲骨文合集材料來源表》，胡厚宣主編，蕭良瓊等編，北京：中國社會科學出版社，1999年
古代史所本	《繪園所藏甲骨》，宋鎮豪主編，馬季凡編纂，上海：上海古籍出版社，2019年
史語所本	《何叙甫藏甲骨文》，歷史語言研究所粘裝拓本，1935年
北大本	《殷契卜辭》，容庚編著，拓本
胡厚宣藏本	《叙圃甲骨釋要》
《歷博》	《中國歷史博物館藏法書大觀第一卷 甲骨文、金文》，史樹青主編，上海：上海教育出版社，2001年
《國博》	《中國國家博物館館藏文物研究叢書·甲骨卷》，中國國家博物館編，上海：上海古籍出版社，2007年
《佚》	《殷契佚存》，商承祚編著，金陵大學中國文化研究所影印本，1933年
《外》	《殷虛文字外編》，董作賓編著，臺北：藝文印書館，1956年
《文捃》	《甲骨文捃》，曾毅公編，拓本，20世紀50年代
《續存》	《甲骨續存》，胡厚宣編著，上海：群聯出版社，1955年
《南師》	《戰後南北所見甲骨録·南北師友所見甲骨録》，胡厚宣編著，來薰閣書店，1951年
《通》	《卜辭通纂》，郭沫若著，日本東京文求堂石印本，1933年
《鄴初》	《鄴中片羽初集》（上、下），黄濬編，北京尊古齋影印本，1935年
《京》	《戰後京津新獲甲骨集》，胡厚宣編著，上海：群聯出版社，1954年
《京人》	《京都大學人文科學研究所藏甲骨文字》，（日）貝冢茂樹輯著，日本京都大學人文科學研究所，1959年
《屯南》	《小屯南地甲骨》，中國社會科學院考古研究所編，北京：中華書局，1980—1983年
《甲》	《殷虛文字甲編》，董作賓編著，北京：商務印書館，1948年
《醉古集》	《醉古集——甲骨的綴合與研究》，臺北：萬卷樓，2011年